LES INSCRIPTIONS CUNÉIFORMES

ET LES

TRAVAUX DE M. OPPERT

LES
INSCRIPTIONS
CUNÉIFORMES
ET LES
TRAVAUX DE M. OPPERT

PAR

Paul GLAIZE

METZ

TYPOGRAPHIE ROUSSEAU-PALLEZ, ÉDITEUR
Libraire de l'Académie Impériale
RUE DES CLERCS, 14

PARIS

DENTU, LIBRAIRE-ÉDITEUR
PALAIS-ROYAL, GALERIE D'ORLÉANS
—
1867

METZ. — TYPOGRAPHIE ROUSSEAU-PALLEZ, RUE DES CLERCS, 14.

LES INSCRIPTIONS CUNÉIFORMES

ET LES TRAVAUX DE M. OPPERT

I. — LES INSCRIPTIONS IRANIENNES

I

Lorsque, il y a trois ans, M. Thiers reçut de l'Institut la plus haute récompense littéraire et scientifique à laquelle il soit donné en France d'atteindre, l'opinion publique put ratifier en connaissance de cause le choix de l'Académie française et apprécier dignement tout le mérite de l'œuvre historique qui valait à son auteur le grand prix biennal. Je crois qu'on peut affirmer sans témérité qu'il n'en a pas été tout à fait de même pour la désignation si juste qu'a faite à son tour l'Académie des inscriptions et belles-lettres à laquelle il revenait de décerner le même prix l'année dernière. Les travaux si originaux, si ingénieux, si profonds de M. Oppert, appartiennent à un ordre d'idées et d'études qui s'adressent à un public excessivement restreint. Tout le monde a lu, sinon relu, l'*Histoire du Consulat et de l'Empire*. Combien peu au contraire ont pu s'intéresser aux découvertes consignées dans l'*Expédition scientifique en Mésopotamie?* Qui a poussé l'amour de la philologie et de l'histoire jusqu'à parcourir les pages des *Études assy-*

riennes, du *Journal asiatique*, des *Éléments de Grammaire assyrienne*, des *Annales de Philosophie chrétienne*, et de ces savants *Rapports au Ministre de l'Instruction publique*, où sont enfouis ces travaux féconds, ces analyses profondes et ces soupçons vraiment divinatoires qui ont achevé, ou peu s'en faut, de restituer à la science moderne, après une éclipse de plus de trois mille ans, l'écriture et la langue de l'antique Assyrie, et deux civilisations jusqu'à ces derniers temps enfouies dans les sables et très imparfaitement connues par les historiens de l'antiquité.

La découverte des procédés qui ont permis de déchiffrer les hiéroglyphes égyptiens a eu l'heureuse et rare fortune de passionner ou du moins de tenir quelque temps en haleine tous ceux qui, en France, ne veulent pas rester complètement étrangers aux progrès que l'esprit humain accomplit dans les voies nouvelles ouvertes par les sciences philologiques et épigraphiques. Les longues et très laborieuses tentatives qui ont préparé la lecture et l'interprétation des inscriptions de la Perse et de l'Assyrie ont eu moins de bonheur, et leur succès, bien que plus méritoire et plus surprenant, est loin d'avoir brillé d'autant d'éclat. En Angleterre seulement on a compris tout d'abord, avec une rare intelligence, l'importance des travaux des assyriologues; il y a eu un moment où le colonel Rawlinson est devenu en quelque sorte le lion du public lettré de Londres. En France, les découvertes de M. Botta ont à peine obtenu un instant de vogue et de popularité bien restreinte. On traverse encore le musée assyrien du Louvre sans en soupçonner l'immense valeur scientifique et historique. Avant le vote de l'Académie des inscriptions et belles-lettres, le nom si justement illustré désormais de M. Oppert était à peu près inconnu. Aujourd'hui encore c'est à peine si, dans le monde lui-même qui a le droit de se dire lettré et instruit, on attache quelque idée précise, quelque notion exacte aux mots *Inscriptions cunéiformes.* Il y a là un besoin, un *desideratum* scientifique qu'aucune des grandes publications quotidiennes ou périodiques n'est encore venue satisfaire. Essayer de combler cette lacune est une tâche que les derniers travaux de M. Ménant et de M. Oppert lui-même ont rendue plus facile, mais qui, à coup sûr, n'est encore ni inutile ni superflue.

II

Les voyageurs qui ont à diverses époques parcouru la Perse, ont tour à tour décrit les ruines de Persépolis, les plus grandes peut-être du monde. L'antique résidence des grands rois fut, comme on sait, livrée aux flammes par Alexandre, à la suite d'une nuit d'ivresse et de débauches, d'après le récit uniforme de tous les historiens et notamment de Quinte-Curce. C'est à 48 kilomètres de Chiraz, cité célèbre de la Perse méridionale, dont les poètes ont chanté les fleurs et le vin, qu'on trouve, au milieu de montagnes rocheuses, le village d'Istakhar, qui occupe une place voisine de l'emplacement de la grande capitale. Là, après avoir gravi vers l'ouest un gigantesque escalier taillé dans le marbre gris, couvert de sculptures en partie détruites, on arrive sur un immense plateau où s'amoncèlent les débris de palais, les grands piliers, les taureaux aux têtes humaines, au corps couvert de plumes. Là les bœufs taillés dans la pierre dorment leur sommeil millénaire ; là surgissent des représentations symboliques et religieuses et les figures des souverains qui vécurent dans ces palais. Ils apparaissent calmes et majestueux, entourés de leurs gardes, accompagnés de serviteurs présentant des types très variés et portant, comme c'est encore l'usage aujourd'hui dans l'Orient, le chasse-mouche et le parasol royal [1].

---

[1] Voyez surtout la description d'Heeren d'après Ker-Porter. Elle a été en partie reproduite par M. Guillemin, *Histoire ancienne*, ch. IX.

Au milieu de ces sculptures, sur les murs, sur les piliers, autour des bas-reliefs, on trouve de tous côtés d'innombrables inscriptions. Ce sont autant de longues lignes composées de points, de flèches, ou mieux encore de clous ou de coins. Ces caractères, dont la forme est due à l'instrument que l'on employait pour les tracer sur la pierre, présentent, sous leur uniformité apparente, de grandes différences et s'unissent en assemblages fort distincts. Ils paraissent avoir été dorés à l'origine, et tous les témoins dignes de foi s'accordent pour admirer la précision, la finesse et la correction vigoureuse avec lesquelles on les a gravés dans le roc. Ce sont ces inscriptions persépolitaines qui ont reçu tout d'abord le nom de cunéiformes (*cuneus*, coin), et c'est sur elles que se sont aussi portés, à l'origine, les efforts et les investigations des savants. Il ne faudrait pourtant pas s'imaginer qu'elles représentent l'unique spécimen des inscriptions de la Perse antérieures à la conquête hellénique. Bien avant les fouilles de Ninive et de Babylone on avait étudié ou du moins découvert un grand nombre d'inscriptions semblables dont les plus importantes sont celles de Mourgâb (l'ancienne Pasargade de Cyrus), du mont Bisitoun et de Hâmadan, sur les bords de l'Elvend (ancien Oronte).

On peut se faire, dès à présent, une idée des difficultés vraiment effrayantes qui paraissaient devoir à jamais s'opposer à la lecture des épigraphes cunéiformes. Non-seulement on n'avait pas de clefs pour déchiffrer ces caractères singuliers dont on ignorait la direction cursive et jusqu'à la nature qui pouvait être hiéroglyphique ou syllabique aussi bien qu'alphabétique, mais on ne pouvait pas même au début soupçonner les affinités et les origines des langues inconnues dont ils étaient probablement l'expression. Pour les hiéroglyphes égyptiens on avait été secouru, comme personne ne l'ignore, par les plus heureuses circonstances. La pierre de Rosette, qui a servi de point de départ aux recherches ultérieures, contenait une assez longue inscription sous trois formes diverses : un texte hiéroglyphique, un texte phonétique également égyptien, et enfin le texte grec parfaitement connu et qui n'était évidemment que la traduction littérale des deux autres. Ici rien de pareil; des lignes écrites en caractères inconnus dans une langue hypothétique, alphabet et langues perdus et oubliés depuis de longs siècles et qui n'avaient laissé aucune trace notable dans l'antiquité grecque ou romaine. Pour se trouver dans des conditions analogues à celles qui avaient si bien favorisé les travaux des égyptologues, il aurait fallu retrouver, par exemple, ces stèles de marbre dont parle Hérodote [1], où Darius fit graver sur les bords du Bosphore, en caractères assyriens d'un côté, en lettres grecques de l'autre, le recensement de son armée et les noms des peuples qui figuraient dans son expédition. Ce passage du vieil historien, quelques mots de Thucydide, de Strabon, de Diodore de Sicile [2], étaient les seuls éléments que pût fournir l'antiquité classique soigneusement consultée. Du traité de Démocrite d'Abdère sur l'écriture hiératique des Babyloniens, il ne nous reste que le souvenir du titre.

L'interprétation des inscriptions cunéiformes soulevait donc un des plus curieux et des plus difficiles problèmes qui se fût jamais posé devant l'esprit humain. Nous allons voir, dans cette courte et simple exposition, par quelles ingénieuses hypothèses, par quels laborieux efforts la science est parvenue à le résoudre.

III.

Un voyageur romain très véridique, instruit et plein de

---

[1] Melpomène, IV, 86.
[2] Diod. Sic., II, xiii. Il est indubitable que par l'expression συριακὰ γράμματα Diodore a voulu désigner des caractères cunéiformes.

sagacité, Pietro della Valle, envoyait de Chiraz, dès 1621, une description détaillée des ruines de Persépolis avec le fac-similé de quelques inscriptions. Il était convaincu que ces caractères exprimaient une langue, et pensait même qu'on devait les lire en allant de gauche à droite comme pour nos écritures occidentales et contrairement à la règle de la plupart des langues orientales. La raison qu'il donnait était péremptoire : c'était la direction des traits, clous ou coins dont la tête était toujours à gauche et la pointe tournée vers la droite [1].

Chardin, dont les voyages sont autrement célèbres que ceux de Della Valle, ne fit faire aucun pas à l'étude de ce qu'il appelait les inscriptions *cludiformes*. Il se borne à combattre l'opinion qui voudrait voir dans les caractères de Persépolis de vrais hiéroglyphes. Il affirme que ce sont des lettres « comme les nôtres, » mais il ajoute « qu'il faut en ignorer pour jamais le reste. »

Les nuages s'amoncelaient sur les mystères de Persépolis. Un savant anglais, dont la science n'était certainement pas à la hauteur de sa réputation, le docteur Hyde, faisait paraître, quelques années plus tard, une histoire de l'ancienne religion des Perses, où il soutenait, avec une grave assurance, que les caractères dont avait parlé Chardin n'étaient qu'un système particulier d'ornementation analogue aux dessins de nos tapisseries. C'est, il est vrai, dans le même ouvrage qu'il déclarait sans façon que les livres de Zoroastre ne valaient pas la peine d'être traduits. Si la philologie a fait depuis d'immenses progrès, ce n'est certes pas à la perspicacité, à l'initiative de Hyde qu'ils sont dûs. L'avenir devait d'ailleurs infliger à son outrecuidance le plus net démenti en confirmant pleinement les sages prévisions de Leibnitz, qui, après avoir examiné quelques spécimens d'inscriptions

---

[1] Voyez M. de Saulcy, *Mémoires sur diverses antiquités de la Perse*, note II.

cunéiformes, n'avait pas hésité à admettre l'existence de lettres alphabétiques [1].

C'est avec Niebuhr que commencent les premiers travaux sérieux sur les épigraphes de Persépolis. Non-seulement il changea à peu près en certitude les hypothèses de Pietro della Valle, mais il constata l'existence de trois espèces d'écriture, de telle sorte que chaque inscription se décomposait en trois parties, en trois inscriptions indépendantes les unes des autres. Il y avait donc trois systèmes de caractères parfaitement distincts bien qu'ayant entre eux une grande analogie. Si exacte et si intéressante que fut cette découverte, elle était de nature à augmenter les difficultés de l'interprétation au lieu de la faciliter. Se trouvait-on en présence à la fois de trois alphabets et de trois langues différentes ? Niebuhr pensait, et l'avenir a confirmé sur ce point ses prévisions, que les trois systèmes représentaient autant d'alphabets distincts, mais il croyait qu'ils exprimaient une seule et même langue, ce qui était une erreur. Quelle était d'ailleurs cette langue ? Où trouver ses élémeuts grammaticaux et lexicographiques ? Il n'est pas d'hypothèse ingénieuse, étrange ou ridicule même, à laquelle les dernières années du dix-huitième siècle n'aient donné naissance. On rapprochait les caractères cunéiformes tantôt du système graphique des Chinois, tantôt des caractères runiques de l'ancien *Ogham*. Pendant que Lichtenstein, dans son *Tentamen paleographiæ Persicæ*, et l'abbé Tandeau, dans une *Dissertation sur les hiéroglyphes*, mettaient encore en avant les plus absurdes explications ou osaient publier des traductions impudemment mensongères, l'étude du zend, la langue sacrée de Zoroastre et de l'antique Bactriane, prenait à la suite des travaux d'Anquetil-Duperron, une très grande importance. Le sanscrit avait déjà quelque peu pénétré en

---

[1] Alphabetum aliquod constituere videntur. *Leibnitz opera omnia*, édition Duteus, t. IV, 204, cité par M. Ménant. — *Les écritures cunéiformes*, p. 45.

Europe, et la connaissance de ces deux langues, dont la parenté ne pouvait être douteuse, permettait de supposer que la langue de l'ancienne Perse, dont les inscriptions de Persépolis paraissaient être l'expression, devait avoir de nombreux rapports et une grande affinité avec elles [1].

C'est un savant danois, Münter, qui se lança le premier dans cette voie nouvelle. Il commença par séparer soigneusement les trois genres d'écriture que donnaient les inscriptions pour s'attacher à peu près exclusivement au premier système qui, à ses yeux, était certainement alphabétique. Il en compara les caractères aux alphabets zend et pehlvi [2] et détermina ainsi douze lettres qui, pour la plupart, n'ont pas gardé la valeur qu'il leur avait assignée. L'*a* étant la lettre la plus fréquemment employée dans le zend et le sanscrit, ainsi que dans la plupart des langues qui en dérivent directement, Münter n'eut probablement qu'à rechercher le signe qui reparaissait le plus souvent dans les inscriptions de la première catégorie pour lui attribuer la valeur de l'*a*, découverte que les études ultérieures ont parfaitement confirmée.

Nous arrivons au moment où un membre de l'Académie de Gœttingue, Georges-Frédéric Grotefend, fit faire à l'étude des inscriptions persépolitaines un pas décisif. Ce qu'il y a de plus singulier, c'est que le savant hanovrien n'était pas alors très versé dans la philologie orientale. C'est dans une hypothèse purement historique qu'il trouva le premier la clef de ces écritures mystérieuses. Il commença par prendre, comme Münter, le premier système graphique comme objet unique de ses recherches. Il admit ensuite que les genres d'écritures correspondaient à autant de langues distinctes;

---

[1] Pour de plus amples détails voir Ménant, *loc. cit.*

[2] Le pehlvi était considéré alors comme le persan intermédiaire entre la langue des Achéménides et le parsi. Sur le vrai caractère du pehlvi, voyez Renan, *Histoire des langues sémitiques*, t. II, p. 78.

à ses yeux, d'ailleurs, les trois inscriptions devaient toutes renfermer au début le titre royal et le nom du monarque qui les avait fait graver sur la pierre. De tout temps les rois de Perse se sont intitulés rois des rois, actuellement encore *cha en chah*. Cette formule, connue de tous les historiens grecs ou latins, est reproduite dans les inscriptions des Sassanides, traduites par M. de Sacy. On la retrouve dans le *Schah-Nameh*, ou *Livre des Rois* [1]. Grotefend supposa donc que dans les inscriptions cunéiformes que la tradition, d'accord avec la critique, attribuait aux rois achéménides, l'auteur des épigraphes avait dû faire suivre son nom de l'antique formule, et que ce nom avait dû lui-même être invariablement accompagné, d'après un usage persan non moins ancien, de celui du père du roi. Guidé par cette donnée archéologique, il analysa soigneusement les inscriptions appartenant au premier système graphique. Il put s'assurer ainsi qu'un mot composé de sept caractères apparaissait, à plusieurs reprises, dans le cours des premières lignes à la place où devait approximativement se trouver la qualification de roi. Il était même répété deux fois à plusieurs intervalles, avec cette particularité qu'à chaque seconde apparition la désinence en était plus longue, plus chargée de caractères, de telle manière qu'on pouvait supposer qu'elle exprimait le génitif pluriel : roi *des rois*, rex *regum*.

Grotefend s'attacha surtout à étudier cette disposition dans deux inscriptions données par Niebuhr, qu'il rapprocha et compara très soigneusement. Il y constata que cette qualification supposée de roi des rois se présentait à deux reprises, dans la première inscription, à la suite de mots qui devaient, dans cette hypothèse, exprimer des noms propres. Mais en admettant que le mot qui venait en second lieu, dans la deuxième inscription, figurât un troisième nom propre (celui du grand-père de l'auteur de la première

---

[1] *Schah-Nameh*, de Firdouzi, édit. Mohl. Imprimerie impériale.

épigraphe, conformément aux usages constants révélés par les épigraphes des Sassanides), l'inscription persépolitaine offrait cette particularité fort remarquable que ce nom propre n'était pas suivi des deux assemblages de caractères qui, dans la pensée de Grotefend, devaient signifier roi des rois. Interprétées et unies par le savant hanovrien, les deux inscriptions fournissaient donc la donnée suivante :

1re *inscription* : X... ROI DES ROIS, FILS DE Y... ROI DES ROIS.
2e   —   Y... ROI DES ROIS, FILS DE Z...

On ne pouvait évidemment arriver à la connaissance positive d'aucune lettre, si ce n'est en déchiffrant les noms propres comme les égyptologues l'avaient fait pour les textes hiéroglyphiques. Il ne restait, pour arriver à un premier résultat certain sur ce point, qu'à déterminer sûrement les monarques désignés par les caractères composant les mots X..., Y..., Z... L'absence de la qualification de roi après Z indiquait qu'on se trouvait très probablement en présence du fondateur d'une nouvelle dynastie, Y..., dont le père Z... n'avait pas pu être appelé roi des rois. Il ne restait plus qu'à chercher parmi les dynasties de l'antique Perse, dont les historiens grecs ou le *Schah-Nameh* nous faisaient connaître l'origine. Grotefend n'avait en somme qu'à choisir entre la dynastie du grand Cyrus, fondateur du premier empire persan et celle de Darius, fils d'Hystaspe, dont le dernier descendant, ce Darius qu'avait vaincu et détrôné Alexandre, avait eu Persépolis pour capitale.

A supposer que Y... eût représenté le nom de Cyrus, X... et Z... auraient dû exprimer le même mot et par conséquent être composés des mêmes caractères, Cyrus ayant eu pour père Cambyse, et pour fils un autre Cambyse. Or, X... différait essentiellement de Z... Une seule hypothèse restait donc permise, et l'académicien de Gœttingue, plein de confiance dans son ingénieuse audace, ne douta point que X... ne figurât le nom de Xerxès, Y... celui de Darius, et Z... celui d'Hystaspe, qu'on n'avait pu appeler roi des rois puisqu'il n'avait jamais porté la couronne.

Grotefend, si bien servi par son imagination, jouait vraiment de bonheur, car la prononciation persane du nom de Darius lui était donnée par un passage de la géographie de Strabon [1] : Δαριαυης. Il pouvait aussi s'appuyer sur la forme sémitique et biblique du même nom דריוש. Il lut donc résolument les sept caractères qui composaient le nom placé en tête de la seconde inscription : DARHEUSCH. La détermination ainsi acquise de quelques lettres et notamment de l'A, conforme d'ailleurs à la désignation de Münter, l'autorisa à lire le nom placé au début de la première inscription : KSCHARSCHA, correspondant au grec Ξέρξης, Xerxès. La donnée des deux inscriptions était donc ainsi traduite :

1re *inscription* : Xerxès (Kscharcha), roi des rois, fils de Darius (Darheusch), roi des rois.

2e — Darius (Darheusch), roi des rois, fils d'Hystaspe (d'après le zend, Vistaspa, et que Grotefend lisait Goschtasp).

C'est par cette étroite et ingénieuse issue que l'esprit humain a pénétré les mystères de l'ancienne langue des Cyrus et des Artaxerce [2]. Après les premiers travaux de Grotefend et malgré les doutes nombreux que ses affirmations, en apparence si téméraires, ne manquèrent pas de soulever, les nouvelles découvertes de la philologie, la connaissance approfondie du zend et des dialectes persans intermédiaires donnèrent une impulsion puissante aux études cunéiformes.

---

[1] Strabon, XVI.
[2] Pour de plus amples développements relatifs aux travaux de Grotefend, voir Ménant : *Les Écritures cunéiformes*, 52...61 ; et la seconde édition de Heeren : *Ideen ueber die Politik und den Handel, etc.*, 1824.

Déjà Rask venait d'établir à Berlin que, selon toute probabilité, on devait attribuer la désinence *anam* au génitif pluriel de l'ancien persan des inscriptions, ce qui lui permettait d'ajouter quelques lettres à celles que Grotefend avait déterminées, lorsque la publication du commentaire de Burnouf sur le *Yaçna*, un des principaux livres religieux des Parsis, écrit en zend, vint fournir au déchiffrement et à l'interprétation des épigraphes de Persépolis, une base nouvelle et des ressources inespérées.

C'est enfin en 1836 que trois savants, dignes représentants de la science allemande, anglaise et française, firent à peu près en même temps publier des explications presque complètes de l'alphabet des inscriptions de la première espèce. C'étaient M. Lassen, le savant auteur des *Antiquités indiennes*, M. E. Burnouf, le commentateur du *Yaçna*, et le colonel Rawlinson. Ces analyses se sont corrigées les unes par les autres, de manière à donner en définitive un résultat fort satisfaisant. M. Burnouf surtout fut assez heureux pour trouver dans les inscriptions de Hamadan une liste de satrapies comprenant tout l'empire du premier Darius. On imagine sans peine de quelle immense utilité fut cette mine de noms propres pour corriger ce qu'il y avait de défectueux dans la valeur assignée à certaines lettres. Grâce aux racines, aux formes grammaticales voisines fournies par le zend, le sanscrit et les vieux idiomes persans, tels que le pehlvi, la langue des premières inscriptions ne pouvait plus offrir d'insurmontables difficultés. Quelques années plus tard, dans son grand ouvrage sur la grammaire générale [1], M. Bopp classait, dans la grande famille indo-européenne comme bien connue et bien distincte, la langue antique de la Perse des Achéménides que l'on commençait à désigner sous le nom d'*iranien*.

La traduction de la grande inscription du mont Bisitoun,

---

[1] *Vergleich grammatik.*

à laquelle on avait appliqué le nouvel alphabet persépolitain, est venue pleinement confirmer les découvertes antérieures [1]. « Les valeurs attribuées aux signes..... permettent de lire sur le roc de Bisitoun le nom des aïeux de Darius : *Histaspa, Arsama, Airaramna, Tchispis, Hakhamanis;* nous trouvons dans Hérodote les noms de ces mêmes aïeux : Τοθάσπης, Αρσάμης, etc., et nous les traduisons par ceux de *Hystaspe, Arsamène,* etc. Le nom du prédécesseur de Darius se lit dans cette écriture, *Kambouzis;* celui de son père, *Kourous;* Hérodote nous fait connaître également deux personnages : Καμβύσης et Κῦρος, et nous les nommons *Cambyse* et *Cyrus.* En faut-il davantage ? Nous lisons dans les inscriptions en caractères cunéiformes l'énumération des satrapies de Darius : *Parsa, Mada, Arabaya,* etc. Hérodote nous a également conservé les noms de ces satrapies sous leur forme grecque, et nous les traduisons aujourd'hui comme nous traduirions les mots qui les représentent dans toutes les langues du monde par ceux-ci : la *Perse,* la *Médie,* l'*Arabie,* etc. Il faut bien croire que nous lisons dans la langue des Achéménides les noms des provinces dont la possession faisait leur grandeur ou leur gloire [2]. »

C'est ainsi que dans les sciences philologiques comme dans les sciences physiques ou naturelles, qu'on nous permette de faire ce rapprochement, les méthodes générales présentent, en même temps que des différences nombreuses et réelles, d'incontestables et frappantes analogies. L'hypothèse qui a tenu compte de tous les faits déjà observés se vérifie complètement par son application aux faits nouveaux qui se produisent à la lumière. Une des plus étonnantes curiosités de la philologie est, à cet égard, le contrôle réciproque qu'ont exercé les unes sur les autres les lectures

---

[1] *Journal de la Société asiatique de Londres,* t. X, et surtout *Journal asiatique de Paris,* articles de M. Oppert; février et juillet 1851.

[2] Ménant, *loc cit.* — *Écriture arienne,* 77, 78.

des inscriptions cunéiformes et celles des hiéroglyphes égyptiens. Un vase célèbre appartenant au comte de Caylus, porte à la fois deux légendes, l'une écrite en caractères persépolitains, l'autre contenue dans un cartouche hiéroglyphique. La lecture du nom de Xerxès, constaté sur ce dernier par Champollion le jeune, a confirmé parfaitement le déchiffrement de la légende iranienne qui serait venue à son tour donner une nouvelle autorité aux travaux des égyptologues, si ces derniers en avaient eu alors besoin [1].

C'est en 1858 que M. Oppert a achevé enfin de résumer et de confirmer dans d'importants travaux toutes les recherches et les résultats acquis avant lui. Il a pu déterminer le sens de lettres restées jusqu'alors indéchiffrables. Les travaux des Burnouf, des Lassen, des Rawlinson, ont trouvé dans ses savantes études un complément nécessaire.

IV

Toutes ces importantes découvertes devaient nécessairement jeter sur l'histoire la plus reculée de la Perse un jour tout nouveau. La grande inscription de Bisitoun, par exemple, traduite tour à tour par le colonel Rawlinson et par M. Oppert [2], nous a donné dans le document le plus authentique et le plus détaillé qu'on pût rêver, l'histoire du premier Darius, exposée en quelque sorte par lui-même devant son peuple. Cyrus, Xerxès, les Artaxerce, le dernier des Darius, sont comme sortis de leurs tombes pour nous raconter leurs exploits et probablement aussi nous dissimuler leurs défaites. Les récits des historiens grecs ont été ainsi contrôlés par des témoignages hostiles et contemporains. Le vieil et séduisant conteur, si suspect à la vieille

---

[1] Ménant, *loc. cit.*, 79.
[2] Oppert, *loc. cit.* Voyez aussi *Revue archéologique*. Décembre 1846.

critique, Hérodote est sorti victorieux de cette redoutable épreuve et y a revêtu une nouvelle autorité.

Un des résultats les plus intéressants des travaux historiques entrepris sur l'ancienne Perse, est sans contredit un de ceux que M. Oppert a mis en lumière ; c'est la lente et progressive transformation religieuse dont elle a été le théâtre et dont les invocations et le style des épigraphes fournissent la preuve certaine [1]. A l'origine on constate le règne exclusif du culte d'Ormuzd (Ahurâ-Mazdâ) sous la forme la plus pure. Il avait été remis en honneur, réintégré dans ses droits antiques par le premier des Darius. L'image ornithomorphe, empennée et ailée de l'adversaire d'Ahriman, se retrouve en tête des grands monuments épigraphiques, et l'inscription de Bisitoun en fournit un magnifique exemple. Un demi-siècle après on voit surgir les noms de divinités rivales. A côté du nom d'Ormuzd, on lit des invocations à Anaïtis, à Mithra. Mithra, le premier des izeds, serviteurs fidèles d'Ormuzd, cherche bientôt à prendre une place sur le trône divin, à côté de son maître. Avant l'invasion d'Alexandre on pouvait déjà prévoir ce qui advint sous les Sassanides, la prépondérance de ce dieu inférieur. Singulière fortune de ce parvenu du ciel de l'Iran, qui, après avoir corrompu la noble simplicité du mazdéisme, parvint à s'introduire mystérieusement dans le Panthéon hellénique et s'y fit une place en exploitant habilement la nouveauté de ses rites et l'étrangeté de son origine! Ne devait-il pas plus tard, après avoir envahi les grands centres de l'empire romain, trôner au Capitole et entrer en lutte ouverte contre le christianisme lui-même ?

On doit aussi à M. Oppert une étude des plus profondes sur le vrai caractère du mazdéisme primitif [2]. C'est la plus originale tentative qui ait été faite depuis longtemps pour

---

[1] Oppert. *Les inscriptions des Achéménides.*
[2] Oppert. *L'Honover, ou le Verbe créateur de Zoroastre.*

découvrir le sens philosophique et intime de la religion de Zoroastre. Les meilleurs ouvrages qui existaient sur cette matière, et notamment la très remarquable étude de M. Ménant, affirmaient le monothéisme du culte des mages et de l'œuvre elle-même de Zoroastre. Après la vigoureuse critique de M. Oppert et sa savante correction d'une traduction fort inexacte d'un texte zend, par Anquetil-Duperron, il n'est plus guère possible de défendre cette opinion. Le monothéisme persan est vraisemblablement l'ouvrage d'une réforme religieuse postérieure à l'invasion arabe. Le dieu solitaire et éternel des Guèbres, Zervane-Akérène, le temps sans limites, loin d'être l'objet de la pure adoration de Zoroastre, n'est peut-être que le pâle reflet d'Allah.

Si importantes que soient les découvertes que nous avons très brièvement et très incomplètement énumérées jusqu'ici, elles sont loin de constituer la partie la plus intéressante et la plus curieuse des études cunéiformes. C'est en analysant les travaux qui ont eu pour objet les deux autres systèmes graphiques dont les ruines de Persépolis contenaient de très nombreux spécimens que nous aurons occasion de montrer l'admirable fécondité des recherches philologiques, qui ont porté une si éclatante lumière dans le monde des Sardanapale et des Nabuchodonosor.

II. — LES INSCRIPTIONS TOURANIENNES

I

Toutes les inscriptions cunéiformes découvertes dans l'ancienne Perse, celles de Persépolis comme celles de Hamadan, du mont Bisitoun, etc., présentaient un aspect commun ; elles pouvaient, nous l'avons déjà dit, être décomposées en trois inscriptions différentes, caractérisées par trois systèmes graphiques bien distincts, quoique offrant le même type fondamental : flèche, clou ou coin. L'épigraphe iranienne figurait toujours la première en tête sur les monuments ; les deux autres écritures gardaient invariablement à sa suite leur place respective.

Dès qu'on eut déchiffré le texte iranien et qu'on fut parvenu à lire les proclamations des rois Achéménides, on put supposer, sans faire un grand effort d'imagination, que l'on se trouvait en présence de la langue et de l'écriture des Mèdes d'une part, des Assyriens de l'autre ; c'étaient là en effet les deux empires, célèbres dans l'antiquité, qui étaient restés soumis à la Perse pendant une longue domination remontant jusqu'à Cyrus. Il paraissait fort naturel d'admettre que ces discours officiels, que les grands rois adressaient à tous leurs peuples, devaient contenir à la suite de la version iranienne, des traductions exactes que pouvaient comprendre les Mèdes tributaires et alliés des Perses, les Assyriens vaincus et soumis par eux. C'est pour répondre à des exigences de même nature que nous avons vu Darius faire graver sur le marbre aux bords du Bosphore, dans un pays où l'élément hellénique était fort considérable, une double inscription, grecque d'un côté, persane de l'autre. C'est ainsi que le gouvernement de l'Algérie publie aujourd'hui en langue arabe, en même temps qu'en français, ses actes administratifs; et si on veut prendre un exemple plus frappant et dont l'analogie soit encore plus parfaite, le pacha de Bagdad fait répandre dans l'Irak trois versions différentes de ses édits, la première en turc, la seconde en arabe, la troisième en langue persane, afin d'être compris de tous ses administrés.

On constata d'abord, sans grande difficulté, l'identité du sens des deux textes : le texte iranien et la version à laquelle on donnait déjà le nom de *Médique*. On pouvait, en effet, suivre, sous la phrase persane connue et expliquée, la phrase médique encore obscure mais présentant visiblement une exacte correspondance. Quand certains noms propres, par exemple, étaient répétés dans l'épigraphe iranienne, on voyait aussi reparaître, en analysant le texte médique, des assemblages de signes invariables et qui devaient avoir la même signification.

Il est très aisé, en partant de cette base, de se rendre compte de la méthode de déchiffrement dont on usa, méthode qui avait été déjà appliquée par les égyptologues à l'interprétation des textes inconnus de la pierre de Rosette. L'inscription iranienne expliquée et traduite, on avait désormais en main le levier qui devait soulever ces mystères revêtus à l'origine d'une écrasante difficulté.

On commença par distinguer et séparer les noms propres.

Dans les conditions où l'on se trouvait, cette tâche devenait facile. Si on donnait, par exemple, à une personne parfaitement étrangère à l'étude du grec, mais douée de quelque perspicacité, à chercher l'expression hellénique du nom de Darius dans cette double donnée :

1° Xerxès fils de Darius ;   2° Darius fils d'Hystaspe ;
Χερξης Δαρειου υιος   Δαρειος Υσταστης υιος

elle pourrait facilement reconnaître que les sept signes grecs : Δαρειός, sont la traduction des six signes français : *Darius ;* affirmer que le grec Δ a la même valeur que le D, et ajouter aussi qu'il en est très probablement de même pour la partie essentielle du radical : Δαρ = Dar.

Le grand nombre de noms propres fournis par les inscriptions des Achéménides permit de reconstruire par ce procédé un alphabet qui étonna ses inventeurs par sa richesse. On établit l'existence de plus de cent signes distincts dont on dressa le catalogue régulier. Il était facile de voir que ces éléments étaient trop nombreux pour exprimer des lettres proprement dites. On se trouvait probablement comme l'avaient soupçonné Münter et, avant lui, Grotefend lui-même, en présence de valeurs syllabiques. Chaque lettre devait représenter un son, une syllabe complète.

C'est en 1844 que parut, dans les *Mémoires de la Société des Archéologues de Copenhague,* la première traduction des textes médiques accompagnant les inscriptions iraniennes déjà expliquées. La lumière venait encore du Danemarck, de ce petit peuple que son amour éclairé de la science a placé si haut dans les sympathies de tous les amis de la vérité, du pays qui avait déjà donné à la philologie de l'Asie occidentale ses plus illustres représentants : Münter, Niebuhr, Rask. Le grand travail de Westergaard sur les inscriptions médiques, triomphant des plus vives attaques, est resté la base et le point de départ de toutes les études ultérieures. Quel bizarre et étrange langage pourtant que celui qu'il était contraint d'attribuer aux Mèdes ! On y trouvait tout à la fois des formes iraniennes et celtiques, une conjugaison tartare, un pronom essentiellement hébraïque, des adverbes sanscrits, des éléments turcs et mongols. Il ne faut donc pas s'étonner si à l'origine les conclusions de Westergaard furent l'objet d'une défiance et même d'une incrédulité universelles [1].

En Angleterre, le docteur Hincks, de l'académie de Dublin, perfectionna les vues du savant Danois sur le syllabisme de l'écriture dite médique. En France, M. de Saulcy dans un travail des plus remarquables, les *Recherches analytiques sur les Inscriptions du système médique,* entreprit à la fois la révision générale des valeurs attribuées à chaque signe graphique et l'examen des formes grammaticales et du vocabulaire si étrangement bigarrés attribués aux secondes inscriptions. Les analyses du savant français confirmèrent pleinement les résultats obtenus par Westergaard et y ajoutèrent sur beaucoup de points des renseignements fort précieux.

Ces longues et patientes études devaient recevoir bientôt la plus irrécusable consécration. Le colonel Rawlinson, l'infatigable et hardi chercheur que nous avons eu déjà l'occasion de citer à diverses reprises et qui se trouvait alors en Asie, possédait seul une copie exacte du texte médique de la grande inscription de Bisitoun. C'est sous ses auspices que M. Norris en publia la traduction accompagnée d'une analyse critique. On put ainsi appliquer les valeurs syllabiques trouvées par MM. Westergaard, Hincks et de Saulcy, à une épigraphe qui n'avait pu servir de base aux premiers déchiffrements. La grande inscription du fils d'Hystaspe renfermant un très grand nombre de noms de villes, de peuples, de satrapies, M. Norris put ainsi déter-

---

[1] Ménant. *Les Écritures cunéiformes,* p. 92.

miner la signification de beaucoup de caractères qui s'étaient dérobés aux investigations de ses devanciers.

Les recherches ultérieures, celles de M. Holtzmann de Carlsruhe, du docteur Haug et du savant qui, en Allemagne, s'est plus particulièrement imposé la tâche d'élucider toutes les questions qui se rapportent à l'ancienne Perse, M. Spiegel, n'ont fait que donner une nouvelle autorité aux premières découvertes tout en les complétant. M. Oppert avait commencé son analyse critique des inscriptions de la seconde espèce en même temps que MM. Rawlinson et Norris entreprenaient leur traduction. Son grand travail de révision n'a pourtant paru qu'en 1858, après la publication faite par M. Norris dans le *Journal de la Société asiatique de Londres*. Toutes les valeurs graphiques indiquées par Westergaard, Hincks, de Saulcy, Norris, y sont soigneusement comparées, contrôlées et le plus souvent corrigées. Six ou sept caractères seulement ont résisté à cette dernière et puissante investigation ; encore sont-ils d'un emploi fort rare, et cette dernière lacune n'a-t-elle, on peut le dire, qu'une très médiocre importance.

Grâce à ces nombreux travaux, on peut se faire une idée très nette de l'écriture que l'on a désignée tout d'abord sous le nom de *médique*. On la lit, comme elle a été écrite, en allant de gauche à droite, conformément aux prévisions de Pietro della Valle. Elle se compose d'environ 110 signes. Cet alphabet, considéré dans son ensemble, est syllabique ; chaque lettre représente un son, une syllabe. C'est tantôt une voyelle isolée, *u, i, a,* tantôt une diphtongue *ya, um,* le plus souvent une consonne s'articulant avec une voyelle finale *ni, gi,* une voyelle suivie d'une consonne désinente, *ir, in,* ou bien encore une syllabe plus complète composée d'une voyelle entre deux consonnes, *tak, man, kam*. Les consonnes isolées, indépendantes, font défaut, de telle sorte que pour écrire, par exemple, le mot qui doit être prononcé *anap*, on emploiera trois caractères *an-na-ap*.

A côté de ces lettres syllabiques, on constate l'existence de signes d'une tout autre nature. Ce sont des symboles analogues aux hiéroglyphes égyptiens ou aux caractères chinois, et représentant non un son, mais une idée complète, un mot tout entier. Ces idéogrammes sont d'ailleurs très peu nombreux. Le premier qui fut signalé dès l'origine n'a d'autre valeur que de précéder et d'annoncer le nom propre qui suit. C'est un long clou isolé et perpendiculaire. D'autres hiéroglyphes cunéiformes ont la signification des mots : *Dieu, roi, mois, eau, cheval, chameau.* Ces débris d'une ancienne écriture idéogrammatique ont été très soigneusement étudiés par M. Oppert, et sont devenus le point de départ de découvertes nouvelles, dont nous aurons plus tard à faire ressortir toute la portée.

II

Dans l'idiôme exprimé à l'aide du système graphique, dont nous venons d'exposer succinctement les traits fondamentaux, ne faut-il voir, comme l'avaient vu les premiers investigateurs, que la langue particulière des Mèdes ; de ce peuple voisin et allié des Perses, qui, après avoir exercé l'hégémonie, avait été réduit par Cyrus à payer un tribut et à perdre sa suprématie primitive ? Les inscriptions de la seconde espèce représentent-elles purement et simplement la langue médique proprement dite ? Pour bien apprécier l'étendue et l'importance de cette question, il est absolument nécessaire de jeter un coup-d'œil sur les grandes lignes de la philologie comparée.

Après les longs travaux, pleins d'originalité et de profondeur, qui ont rempli le second tiers du dix-neuvième siècle, à la suite des analyses et des vastes synthèses des Schlegel, des Bopp, des Grimm, continuées et perfectionnées de nos jours par MM. Kühn, Pott, Lassen, Max

Müller, Pictet, etc., etc., l'étude comparée des langues est arrivée à un résultat aussi positif et fécond qu'il était surprenant et imprévu. Elle a démontré que les diverses races, dont les descendants habitent l'Europe et rayonnent par leurs colonies et leurs émigrations sur l'Amérique, l'Australie, le monde tout entier, ont un point de départ, une origine identique et qui leur est commune avec les Hindous du brahmanisme et les Persans. De l'Hymalaïa à l'Islande, des bords du golfe Persique à Lisbonne, s'étendent, sous les latitudes les plus diverses, des nations aussi nombreuses que variées, et qui pourtant à une époque extrêmement reculée et qui se perd dans la nuit des temps, ont été primitivement unies et n'ont formé qu'un seul peuple. Cette race-mère parlait, antérieurement à la dispersion de ses générations successives, une langue d'une admirable richesse, d'une étonnante harmonie, où la perfection des formes arrivait déjà à pouvoir rendre à la fois les idées les plus poétiques, les notions les plus abstraites. De même que la paléontologie reconstruit, par l'étude des fossiles, la Flore ou la Faune de telle époque géologique séparée de nous par des millions d'années, de même la philologie comparée a pu reconstruire la grammaire et les radicaux primitifs de ces Indo-Européens en fouillant dans les couches des langues anciennes et modernes de l'occident civilisé, de la Perse et de l'Hindoustan. On en est arrivé à connaître à peu près sûrement le nom primitif qu'a porté cette race, matrice féconde des peuples hindous, persans, slaves, germains, celtes, latins et grecs. Nos ancêtres anté-historiques s'appelaient eux-mêmes *Aryas*, *Ariens*, mot que l'on retrouve dans les vieux hymnes du Rig-Véda, qui prend dans les antiquités persanes une forme dont la nouveauté n'est qu'apparente: (Yran = Ayriama), et qui a laissé des traces dans une multitude d'expressions géographiques dispersées sur une étendue de plus de 1500 lieues, de l'Oxus à l'Irlande.

A côté de cette première famille, caractérisée à la fois par des formes grammaticales et lexicographiques communes, la philologie a constaté l'existence d'un autre groupe, plus net encore et caractérisé par des liens si étroits, des traits si évidents, que la vieille linguistique n'avait pu les méconnaître. L'hébreu, l'arabe, le syriaque, l'araméen, etc., n'ont au fond qu'une seule et même charpente. Ces diverses langues, dites *sémitiques*, se rattachent à un même plan grammatical, plus arrêté et moins vaste que le cadre si étendu et si souple des langues indo-européennes. Les mots sémitiques cèdent facilement à l'analyse et perdant en quelque sorte leur chair, abandonnant leurs voyelles, laissent à découvert un squelette composé ordinairement de trois consonnes, la racine *trilitère*, commune le plus souvent aux diverses langues de la famille. L'étude des langues sémitiques et des langues ariennes nous amène donc à reconnaître deux courants terminologiques, deux conceptions grammaticales, deux systèmes complets de langage très distincts et directement irréductibles.

Vis-à-vis ces deux familles, la langue et la race chinoises conservent un caractère parfaitement indépendant. Quand on les compare aux habitants du vaste empire du milieu, les Sémites et les Ariens, en dépit des différences qui les séparent, prennent l'aspect de véritables parents, on pourrait dire de frères. On saisit alors bien plus vivement le grand trait d'union fondamental qui associe l'une à l'autre ces deux races : l'idée générale de la grammaire et l'emploi des flexions. La Chine n'a point, à proprement parler, de formes grammaticales. Le mot y reste immuable, inflexible, comme l'airain.

La linguistique comparée était donc arrivée, il y a tout au plus une trentaine d'années, à cette division tripartite. On admettait, au double point de vue de la philosophie du langage et de la philologie historique, trois systèmes primitifs de langage auxquels correspondaient exactement trois familles, trois races distinctes : 1° le système et la famille chinoises (sans flexion) ; 2° le système et la famille sémitiques ; 3° le système et la famille ariennes. C'était encore la théorie de Guillaume de Humboldt dans son magnifique ouvrage sur la diversité des langues. — Une plus large extension des recherches philologiques, une critique des formes du langage plus pénétrante et plus scientifique, sont venues briser ce vieux moule, sans toutefois toucher en rien aux résultats positifs qui établissent l'individualité et l'autonomie historiques de chacune de ces trois familles. Le plus grand nombre des langues nouvelles qui ont été l'objet de récentes investigations, ne pouvaient se rattacher ni au système monosyllabique de la Chine, ni à celui des Sémites ou des Ariens. — Les données de la critique philosophique, les exigences de l'analyse expérimentale révélèrent à la fois l'existence d'un troisième mode, d'une nouvelle manière de concevoir et d'organiser le langage et la réalité positive d'une quatrième famille de langues. Les langues *agglutinatives* ou *agglomérantes* associent les radicaux, les mots-idées entre eux, mais elles les unissent sans les confondre, sans en faire un tout organique et vivant, comme les langues à flexion. Deux ou trois racines s'agglutinent bien en un seul mot, mais dans cette mosaïque qui est devenue un dessin achevé, une racine, une seule, reste intacte, clairement visible, fixe comme les radicaux immobiles de la Chine ; les autres jouent un rôle secondaire, s'altèrent ou se réduisent à une désinence ; ce sont de simples compagnons tantôt précédant le radical essentiel en *préfixes,* comme des courriers, tantôt le suivant en *suffixes,* comme des valets, modifiant humblement l'idée maîtresse, le mot capital qu'ils entourent à la façon des satellites gravitant autour de leur planète.

La constatation d'une quatrième famille de langues n'eut d'abord qu'une importance philosophique, en ce sens que les diverses langues agglutinatives dont on reconnaissait la nature ne paraissaient unies que par un lien logique, une parenté idéale et métaphysique qui n'impliquait en rien une communauté d'origine. Les derniers travaux de M. Max Müller [1] sont venus modifier, pour une partie considérable de ces langues, l'état de la question. L'éminent philologue anglais me paraît avoir suffisamment démontré que l'étude comparée des langues *agglutinatives* de l'Europe et de l'Asie, c'est-à-dire d'une manière générale, de tous les idiomes de ces deux continents qui ne sont ni sémitiques, ni ariens, ni chinois, révèle une communauté d'origine et de vie historique. Ces conclusions me paraissent surtout incontestables quant à ce qui concerne le rameau septentrional de ces langues qui s'étend de la Mandchourie à la Hongrie et à la Finlande, en occupant au centre de l'Asie les vastes régions auxquelles les anciens donnaient le nom de Scythie.

Ces langues, celles du moins dont l'analyse et l'étude se rattachent à notre sujet, ont reçu le nom de *Touraniennes*. Ce mot de *Touran* a une origine persane et subsidiairement hindoue. Les plus anciens souvenirs des Aryas, ces ancêtres communs de l'Europe civilisée, de l'Inde et de la Perse, se retrouvent d'abord et plus purement dans les hymnes védiques et dans l'Avestâ des Perses, mais aussi dans les grandes épopées beaucoup plus récentes, telles que le Mahabharrata indien ou le Schah-Nameh de Firdouzi. Ces débris épars des vieilles traditions de nos aïeux anté-historiques nous les montrent luttant dans la Bactriane, leur premier séjour, contre une race hostile, de religion différente, que les antiques épopées-persanes désignent sous le nom de *Touran*, en opposition constante avec *Iran* et dont les hindous brahmanisants ont aussi conservé la mémoire dans le nom de *Tourvasá*. Le nom primitif de ces peuples nomades qui occupaient la majeure partie de la

---

[1] Max Müller. Survey of language. — Letter ou the Turanian languages. — *La science du langage.* Paris. Durand, VIII.

Scythie asiatique, paraît avoir exprimé la vitesse du cheval, l'élan du cavalier. Nous y retrouvons le trait distinctif le plus apparent de cette race que la vieille ethnologie désignait par le nom de tartare et qui correspond, dans une certaine mesure, à la vieille appellation de Scythes.

C'est M. Oppert qui a le premier soupçonné, avec une bien remarquable sagacité philologique, le caractère touranien, agglutinatif, scythique de la langue dont les inscriptions dites médiques contenaient l'expression. Westergaard et M. de Saulcy avaient auparavant analysé cet étrange et riche mélange de termes et de formes de provenances si diverses qui comprenait ce qu'ils appelaient la langue *médique*. A côté d'éléments sanscrits, iraniens ou sémitiques, ils avaient signalé un plus grand nombre de mots de formes turques, tartares ou mongoles. MM. Oppert, Norris et Rawlinson ont montré que le fond essentiel, originaire de la langue singulière qui apparaît dans les inscriptions entre le texte iranien et le texte ninivite, était tartare et représentait un idiome scythique. Bien qu'elle ait subi la forte et longue impression du sémitisme et des langues iraniennes, cette langue n'a dans son essence rien d'arien ou d'araméen. Dans la déclinaison, la conjugaison, la grammaire, elle est tour à tour turque, mongole ou finnoise, toujours touranienne ; on en est arrivé aujourd'hui non-seulement à pouvoir très sûrement affirmer ce grand caractère, mais à la rattacher plus particulièrement à deux rameaux de cet immense groupe de langues congénères : le rameau turc et le rameau finnois [1].

M. Renan seul est venu contester ces résultats sans toutefois apporter aucun fait décisif à l'appui de ses négations [2]. La nouvelle langue présente sans doute une termi-

---

[1] Voyez surtout Oppert. — *Expédition scientifique en Mésopotamie*, t. I, ch. 6, 83.

[2] Renan. — *Histoire générale des langues sémitiques*, t. I, ch. 2 ; 90, *in fine*.

nologie et à certains égards une grammaire composées d'éléments fort disparates et très étranges ; mais la surprise du savant et ingénieux auteur de l'*Histoire des langues sémitiques*, alors même qu'elle revêt la forme d'une spirituelle et dédaigneuse ironie, ne peut l'emporter sur les analyses et les contrôles successifs de MM. Westergaard, de Saulcy, Norris et Oppert. La prédominance de la grammaire et de la terminologie touraniennes ou tartares est évidente dans la langue des secondes inscriptions. Sur ce fond primitif les importations iraniennes ou sémitiques se détachent et s'accusent fort nettement. L'observation principale de M. Renan se retourne même contre lui avec beaucoup de force. Le célèbre écrivain semble affirmer que pour reconnaître le caractère et la nature de l'idiôme dit *médique*, M. Rawlinson et M. Norris ont employé deux méthodes différentes. Il ne dissimule pas sa préférence pour le dernier procédé, sauf à lui opposer plus loin une vague et générale fin de non recevoir. Que résulterait-il de la remarque de M. Renan si on en admettait l'exactitude? C'est que, d'un côté, M. Rawlinson aurait constaté dans la langue en question une conjugaison mongole, une déclinaison et un vocabulaire en majeure partie turcs ; que de l'autre, M. Norris aurait trouvé dans l'ostiak et le tchérémisse de telles ressemblances avec le dialecte des secondes inscriptions, qu'il aurait pu prétendre nous donner, à l'aide de ces deux langues, une grammaire scythique complète. Mais l'ostiak et le tchérémisse sont des idiômes touraniens au même titre que le mongol ou le turc. Nous arrivons donc à cette conclusion frappante que par deux voies différentes qui ont le mérite de se contrôler réciproquement, en s'adressant à des membres distincts et assez éloignés du même groupe tartaro-finnois, M. Norris et M. Rawlinson n'en ont que plus sûrement et plus certainement établi le caractère et l'origine touranienne de la langue des secondes inscriptions.

III

Les faits historiques et géographiques abondent pour confirmer, tout en l'expliquant, la nature du dialecte dont les inscriptions cunéiformes ont révélé l'existence. Il suffirait d'un seul passage de Strabon bien compris pour mettre hors de doute que le texte des secondes épigraphes ne représente pas purement et simplement la langue nationale des Mèdes proprement dits, des Mèdes ariens. Le grand géographe romain, en énumérant les habitants de la Perse, de la Médie et de la Bactriane, affirme qu'ils parlaient, à peu de chose près, la même langue « ὁμόγλωττοι παρὰ μικρόν [1]. »

La philologie nous montre en effet dans ces populations des branches diverses du même rameau iranien de la grande famille arienne. Tous ces peuples ont même conservé longtemps les traces les plus riches, les plus nettes, les plus indubitables, du nom qui leur était commun à l'origine : *Airyama, Arie*, dont l'expression *Iran* n'est certainement qu'une forme particulière. Damascius nous a conservé un fragment d'un philosophe péripatéticien, Eudémus, dans lequel ce contemporain des premiers Achéménides applique aux Mèdes le nom d'Ariens « τὸ Ἀρέιον γένος. » Or, pour appliquer l'épithète de Strabon « ὁμόγλωττοι » aux langues des premières et des secondes inscriptions, au persan et à l'idiôme dit médique, pour y voir deux dialectes ariens, il faut faire violence à l'évidence la plus caractérisée.

D'autre part, nous trouvons dans le texte même des inscriptions médiques l'opposition la plus formelle que l'on puisse imaginer entre les peuples dont il exprime la langue et la race ario-persane, tout entière attachée à la religion de Zoroastre. Le nom sacré d'Ormuzd (Ahûra-Mazdâ), le

---

[1] Strabon, 1054, cité par Heeren. Idem, etc. I.

Dieu bon, opposé à Ahriman, la divinité suprême de tout l'Iran, est traduit dans la version scythique de la grande inscription de Bisitoun par cette désignation : *Le Dieu des Ariens*. Le Dieu qui n'est pas le nôtre, le Dieu des Ariens ! Ainsi pouvaient seuls parler ces populations nomades, vivant en quelque sorte à cheval, cette race hostile et odieuse de Touran dont les Ariens, disciples de Zoroastre, ont gardé un si long et si ineffaçable souvenir, qu'ils ont constamment opposée à la race arienne, à l'Iran, comme le mauvais principe au principe du bien, comme le ténébreux Ahriman au lumineux Ahurâ-Mazdâ !

Nous n'avons pas ici à retracer à travers les siècles l'histoire des incursions et des migrations scythiques dans le territoire de l'Iran. Sur les traces de M. Oppert, et en exposant un des aspects les plus originaux de ses recherches, nous aurons plus tard à établir que ces grandes invasions remontent à une très haute antiquité, qu'elles se sont portées à de très grandes distances, et qu'il faut désormais leur attribuer une part et une influence capitales dans la constitution ou le développement d'une des plus anciennes civilisations de l'Asie occidentale. En ce moment il nous suffit de montrer que des peuplades non ariennes et touraniennes vivaient à côté des Iraniens avant l'avénement de la dynastie des Achéménides, dans ces vastes régions qui s'étendent de l'Oxus à la mer Caspienne et jusqu'aux bords de l'Etymander et de l'Arachotos. Le nord-ouest du grand quadrilatère auquel s'appliquait la dénomination persane d'Iran a été incontestablement habité alors par des populations où l'élément scytho-tartare était sinon prépondérant, du moins fort considérable. Les Perses désignaient généralement ces étrangers par un terme générique : *Anariens*, c'est-à-dire ceux qui ne sont pas Ariens. L'A privatif appartenait en effet au vocabulaire primitif des Aryâs. On le retrouve dans le sanscrit et dans le zend, comme dans le grec classique. Cette désignation d'*Anariens*, appliquée spécialement par la race arienne à ses voisins tartares du nord-est, est déjà employée dans l'Avestâ [1]. Nous trouvons des Ἀναριάκαι des Touraniens en Hyrcanie [2]. Les Parthes, dont l'empire devait plus tard se substituer à la domination des Perses, étaient d'origine scythique. Leur manière de combattre, célèbre dans l'antiquité, est toute tartare. On la retrouverait très exactement de nos jours chez la cavalerie légère des baschkirs ou des kirghises au service de la Russie. Le nom de la Médie lui-même est d'origine touranienne : *Mada,* pays [3]. Les Scythes figurent aussi dans l'énumération des troupes des Achéménides et paraissent leur avoir fourni un contingent régulier.

La fin du septième siècle avant J.-C. fut marquée d'ailleurs par un événement qui, en ébranlant les deux empires des Mèdes et des Assyriens, paraît avoir renouvelé une partie de la population de l'Iran occidental. A la suite d'une lutte sanglante et prolongée entre les Scythes d'Europe (probablement des Slaves ou des Germains) et les Scythes d'Asie, de vrais Touraniens, ces derniers, victorieux de leurs adversaires, s'engagèrent dans les défilés du Caucase, les franchirent, et descendirent en foule le long des rives occidentales de la mer Caspienne. Cette formidable invasion déboucha subitement sur Ninive, et y trouva les Mèdes aux prises avec les Chaldéens. L'armée du roi de Médie, Cyaxare, fut anéantie, et Ninive prise et saccagée. L'Assyrie, la Médie, l'Iran tout entier, jusqu'aux régions montueuses de la Perse proprement dite, furent occupées pendant une trentaine d'années, et lorsque ces terribles Tartares se retirèrent vers la Caspienne et l'Iaxarte, ils durent laisser sur cette vaste étendue une couche et comme un alluvion assez denses de populations et de langues tou-

---

[1] E. Burnouf. *Commentaire sur le Yaçna,* note 62.
[2] Strabon, XI, 7. — Pline, H. N. VI, 19.
[3] Oppert. — *Expédition en Mésopotamie,* t. I, ch. 8.

raniennes. Un demi-siècle était à peine écoulé depuis leur départ, lorsque Cyrus, le *Kourous* des Iraniens, soumettant toute l'Asie occidentale à l'hégémonie persane, fondait ce vaste empire qui devait bientôt passer à la famille des Achéménides.

Nous n'avons donc plus à nous étonner de voir figurer dans les épigraphes de Cyrus et de ses successeurs, un dialecte essentiellement scythique. Dans la Médie, en Hircanie, dans le pays des Parthes, dans le nord-ouest tout entier de l'Iran, de nombreuses populations non-ariennes et tartares étaient soumises à la puissance des grands rois. Il était naturel, indispensable même, que dans leurs grandes proclamations officielles, Cyrus, Darius ou Xerxès fissent suivre le texte persan d'une version spécialement destinée aux sujets médo-touraniens de leur empire. Le caractère scythique ou touranien de la langue des secondes inscriptions ne nous apparaît donc pas seulement comme un fait positif quoiqu'étrange, mais aussi comme une nécessité politique dont la raison d'être et les antécédents historiques ne sont plus un mystère pour la science.

III. — L'ÉCRITURE ET LA LANGUE DE L'ANTIQUE ASSYRIE

I

A l'origine même des études cunéiformes, Munter et après lui Grotefend avaient considéré avec raison les inscriptions persépolitaines de la troisième espèce comme devant s'adresser spécialement et dans leur propre langue, aux habitants des empires de Babylone et de Ninive ; non-seulement ils déterminèrent sans grande peine la direction de ce troisième système graphique qui devait être évidemment lu comme il avait été écrit, en allant de droite à gauche, mais ils pressentirent aussi d'une manière générale le caractère idéogrammatique particulier à la nouvelle écriture. Grotefend alla même plus loin : il rapprocha avec beaucoup de soin les textes assyriens contenus dans les épigraphes des Achéménides des inscriptions trouvées dans les ruines de Babylone.

L'examen des caractères gravés sur un cylindre que le voyageur Ker-Porter avait apporté en Europe, les spécimens recueillis par la compagnie des Indes lui permirent d'affirmer qu'à Babylone et à Persépolis on avait affaire à deux variétés d'un seul et même système graphique. Avec cette ingénieuse audace qui l'avait déjà si bien servi, il indiqua sur les briques de Babylone la signature royale de Nabuchodonosor.

Bien que l'identification des écritures de Persépolis et de Babylone eût ouvert à la science une voie nouvelle, les progrès du déchiffrement furent d'abord très lents. On arriva assez facilement à décomposer le texte assyro-persépolitain en coupures correspondant exactement aux passages expliqués des textes iraniens et médiques ; mais, contre l'attente générale, cette méthode dévoila des difficultés inattendues. Les noms propres assyriens apparaissaient le plus souvent sous une forme hiéroglyphique, et les secours qui avaient donné une si puissante impulsion aux travaux des égyptologues faisaient défaut à l'assyriologie. Sur la pierre de Rosette, le texte copte donnait à l'investigateur la prononciation exacte de l'idéogramme dans la langue égyptienne. La langue de l'Iran ou celle des Mèdes touraniens était loin de correspondre aussi bien à la prononciation assyrienne. Les monogrammes mésopotamiens, bien différents de ceux de l'Égypte, ne présentaient d'ailleurs qu'une image défigurée et absolument méconnaissable de l'objet qu'ils avaient primitivement représenté plus ou moins exactement. Ajoutez que l'antiquité classique était beaucoup plus avare de renseignements positifs sur Ninive ou Babylone que sur Memphis, les dynasties ou le panthéon de l'Égypte.

Le premier résultat des essais de déchiffrement n'en était pas moins fort curieux. Lorsque l'on trouvait dans une inscription persane la légende ordinaire : *X... roi des rois,* etc., on voyait figurer sur le texte assyrien correspondant un groupe composé de six flèches dirigées dans le même sens, qui représentait évidemment le mot ou l'idée de roi. Ce groupe se répétait avec adjonction de quelques

nouveaux signes pour exprimer le génitif pluriel : *des rois*.
C'était là bien certainement ce qu'on pouvait déjà appeler
l'idéogramme royal.

Les grandes découvertes auxquelles sont à jamais attachés
les noms de MM. Botta et Layard vinrent tout d'un coup
imprimer une impulsion nouvelle aux travaux des assyriologues. On sait que la destruction de Ninive avait pleinement
justifié les prophéties vengeresses des *Nabi* d'Israël. De
l'immense et populeuse cité que Jonas avait mis trois jours
à parcourir, à traverser peut-être, on ignorait jusqu'à
l'emplacement. Le consul de France à Mossoul, M. Botta,
entreprit, en 1842, des fouilles qui, après être restées
quelque temps infructueuses, firent apparaître au soleil une
sorte de Pompéi ninivite : c'était le palais d'un des plus
redoutables conquérants assyriens qui, après plus de trois
mille ans de silence et d'oubli, sortait intact de son tumulus
de sable pour nous livrer un trésor archéologique d'une
incomparable valeur.

Le consul anglais, M. Layard, ne fut pas moins heureux
à Koyoundjick et à Nimroud, au confluent du Tigre et du
grand Zab, que M. Botta à Khorsabad. Pendant plusieurs
années, les fouilles et les envois aux musées d'Europe conti-
nuèrent sur une vaste échelle. L'Angleterre confia l'étude
des antiquités assyriennes à MM. Taylor et Loftus, que le
colonel Rawlinson avait d'ailleurs déjà précédés. En 1852,
le gouvernement français chargea, de son côté, MM. Fresnel
et Oppert d'une exploration spéciale et complète des empires
babylonien et ninivite. C'est à ce dernier voyage que nous
devons le grand ouvrage capital de l'assyriologie contemporaine, l'*Expédition scientifique en Mésopotamie* de M. Oppert,
que nous avons eu souvent l'occasion de citer.

Sur les murs des palais de Koyoundjick et de Khorsabad
on avait retrouvé, avec de légères différences, le système
graphique des troisièmes colonnes de Persépolis, celui des
briques de Babylone. C'était bien là l'écriture assyrienne,

babylonienne ou ninivite. Il ne s'agissait plus que d'éclairer ces monuments antiques pleins de mystères, sorte de Sphynx qui posait la plus difficile des énigmes. On se mit à l'œuvre en Europe avec une ardente impétuosité que le bruit fait à l'occasion des découvertes de MM. Botta et Layard justifiait pleinement.

M. Lowenstern essaya tout d'abord de rapprocher les signes cunéiformes des lettres hébraïco-phéniciennes. C'était là une voie sans issue qui ne pouvait donner de sérieux résultats.

M. de Longpérier, nommé conservateur du nouveau musée assyrien de Paris, déchiffra avec beaucoup de bonheur, en s'appuyant sur l'analyse comparée des textes persépolitains, les légendes royales du palais de Khorsabad. Il lut le premier le nom du monarque ninivite qui avait fait construire ce superbe édifice : *Sargoun, le roi grand et puissant, roi des bataillons, roi du pays d'Assour*. M. Botta reprit en même temps la thèse de Grotefend et démontra, avec une rigueur soutenue par la plus consciencieuse érudition, l'identité des formes graphiques de Persépolis, de Khorsabad et de Babylone, auxquelles il ajouta même celles des inscriptions qui venaient d'être découvertes en Arménie. M. Botta acquit en même temps la certitude que les formes grammaticales étaient analogues à Khorsabad et à Persépolis. Elles étaient en effet caractérisées par des assemblages de caractères, représentant évidemment à l'œil des inflexions, des désinences semblables, sinon communes.

Après quelques tentatives, d'abord assez peu fructueuses, M. de Saulcy imprima une direction des plus fécondes aux nouvelles études cunéiformes. En prenant pour base de ses recherches, les noms propres contenus dans les inscriptions des Achéménides et la détermination des caractères qui y entraient, par leur comparaison avec les mots iraniens, le célèbre orientaliste put entreprendre enfin l'interprétation et l'analyse d'un texte assyrien assez étendu. Tout en se sentant arrêté par de grandes difficultés, il obtint, d'une manière générale pour les caractères assyriens, une valeur alphabétique et détermina ainsi cent vingt caractères dont l'articulation consonnante a été, dans la plupart des cas, confirmée par les travaux ultérieurs. M. de Saulcy ne craignit pas de publier plus tard la traduction de certaines parties d'un texte cunéiforme purement assyrien, extrait des inscriptions du palais de Khorsabad. C'était là un véritable coup d'audace, un peu prématuré sans doute, mais qui n'en a pas moins donné d'importants résultats. Le plus grand tort de M. de Saulcy a été de rester trop longtemps convaincu du caractère alphabétique des signes cunéiformes de la troisième espèce, lui qui, dès le début, avait paru entrevoir le syllabisme de cette écriture ! C'était au docteur Hincks de Dublin qu'était réservée la démonstration scientifique et correcte du caractère syllabique des lettres assyriennes [1].

Sir Henri Rawlinson se décida, à peu près en même temps, à communiquer aux savants européens le texte assyrien de l'épigraphe du roc de Bisitoun, qui ne fournissait pas moins d'une centaine de noms propres traduits et déterminés par le texte iranien [2]. Il y joignit un alphabet comprenant près de 250 caractères dont la plupart avaient malheureusement une valeur très imparfaitement justifiée.

Cet important travail, qui, à certains égards, restait en arrière des découvertes de MM. Hincks et de Saulcy, eut pour premier effet de jeter aux yeux du public un grand discrédit sur les études assyriennes. Les analyses critiques du savant colonel démontraient en effet, de la façon la plus précise, que certains signes assyriens étaient susceptibles de deux prononciations, sinon de deux valeurs absolument

[1] V. surtout *Mémoires de l'Acad. roy. d'Irlande*. 23ᵉ vol. Dublin 1852.
[2] *Journal de la Société asiatique*, t. 14. 1854.

différentes et n'ayant entre elles aucun rapport phonétique. C'était là le phénomène que sir Rawlinson appelait la *polyphonie*. Si l'on voulait, par exemple, appliquer à la lecture du groupe cunéiforme qui répondait sur le mont Bisitoun à l'iranien *Nabuchadrachara* (Nabuchodonosor), les valeurs graphiques déjà déterminées, on lisait couramment le mot *an-pa-sa-du-sis*, qui s'éloignait étrangement du nom *Naboucoudourioussour* parfaitement déchiffré sur les briques de Babylone et le cylindre de Ker-Porter. Le nom de Babylone, correspondant à l'iranien *Babyrus*, au mot *Bab-ilou* des briques, était exprimé à Bisitoun par ce mot inexplicable : *Dintirki!*

Le redoutable et étrange problème qui se dressait devant les assyriologues, ébranla sérieusement la confiance si sympathique que le public lettré avait jusqu'alors accordée aux premiers essais de lecture et de déchiffrement. Dans ces circonstances critiques, la Société asiatique de Londres résolut de tenter une épreuve suprême et décisive. Elle prit l'initiative d'une expérience hardie dont la très heureuse issue devait restituer à l'assyriologie la faveur qu'elle avait si légitimement conquise dans l'opinion publique. La grande inscription de Téglath-Phalasar, un des monarques assyriens sur lesquels les livres sacrés des Juifs fournissent quelques renseignements positifs, fut traduite séparément, isolément par les plus savants assyriologues, et chacun de leurs essais fut adressé, sous pli cacheté, au président de la Société qui en confia l'examen à une commission spéciale. Ce qu'il y a de plus singulier, c'est que les membres de cette commission reconnaissaient leur propre incompétence en assyriologie, et qu'ils devaient se borner exclusivement à comparer les traductions pour constater leurs similitudes ou leurs divergences.

Quatre célèbres orientalistes, MM. Oppert, Hincks, Rawlinson et Fox Talbot, avaient accepté les conditions de l'épreuve. Le rapport de la commission, publié dans les annales de la Société asiatique de Londres, établit la concordance très satisfaisante et vraiment inespérée des quatre traductions, tout en signalant quelques lacunes et des différences [1] d'ailleurs très rares.

Ce triomphe éclatant est le signal d'une ère nouvelle dans l'histoire des études assyriennes. Elles reposent désormais sur une base aussi solide que les travaux qui ont eu pour objet la langue et l'écriture de l'ancienne Egypte. Depuis 1857, les magnifiques travaux de M. Oppert, les dernières recherches de MM. Rawlinson, Ménant et Talbot, ont jeté de bien vives et nouvelles lumières sur ce champ, autrefois si obscur et si périlleux de l'assyriologie. On peut affirmer aujourd'hui que, grâce à tant de laborieux et savants efforts, les lois générales de la lecture des textes assyriens forment un corps de doctrine harmonieux et à peu près complet, et que par conséquent le déchiffrement exact et rigoureux des épigraphes babyloniennes ou ninivites est déjà un fait acquis pour l'avenir des sciences philologiques.

II

L'écriture assyrienne a présenté à l'origine, nous venons de le voir, des difficultés incomparables. Les obstacles qui s'accumulaient à l'entrée des mystères de l'antique Chaldée, se sont pourtant évanouis comme des fantômes dès qu'on a pu formuler deux grands principes généraux qui expliquent et dominent tout le système graphique des vieux empires mésapotamiens.

La découverte de ce double caractère a été, sur le terrain de la philologie, l'œuvre du temps et le fruit d'une longue

---

[1] Inscription de Téglath-Phalassar, etc., Londres 1857. — V. aussi Ménant, loc. cit. 149.

expérimentation. Ainsi la première vue de M. Hincks sur le syllabisme de l'écriture des troisièmes colonnes persépolitaines, n'a été d'abord qu'une pure hypothèse, mais cet ingénieux soupçon s'est élevé à la hauteur d'une vérité positive lorsqu'il est devenu susceptible d'une application universelle et d'une démonstration rigoureuse. La méthode des cunéiformisants, la méthode philologique, a été à cet égard, on ne saurait trop le dire, parfaitement comparable à celle des physiciens et des naturalistes.

Les formes réelles de l'écriture assyrienne n'ont apparu dans toute leur originale pureté qu'après l'essai et l'échec successif de plusieurs vues erronées. Plusieurs hypothèses étaient venues à tour de rôle révéler leur impuissance dans de vains essais d'interprétation. C'est sur la ruine de ces diverses erreurs que la vérité s'est montrée, qu'elle a fait disparaître de prétendues monstruosités auxquelles l'exclusivisme des premiers systèmes avait prêté une existence imaginaire, qu'elle a enfin révélé toute la simplicité, la netteté des lois qui régissent le système graphique des assyriens. A la suite des travaux de MM. Oppert, Ménant, Rawlinson, il est devenu aujourd'hui presque facile de donner une forme synthétique, vraiment didactique à l'exposition des principales données de l'écriture mésopotamienne. L'idée qui sortira de cette courte analyse, sans être complète et approfondie, sera, nous l'espérons, aussi claire qu'exacte.

Le premier caractère le plus apparent du système assyrien c'est le *syllabisme*. Tant qu'on a voulu attribuer aux lettres des inscriptions du troisième degré une valeur purement alphabétique, analogue à celle des caractères de l'alphabet hebraïco-phénicien, père commun des alphabets de l'Europe civilisée et de l'Asie occidentale moderne, on n'est arrivé à rien de précis et de sûr. On en avait été même réduit à imaginer ce qu'on appelait l'*homophonie*, phénomène bizarre qui consistait à admettre la coexistence de signes nombreux pour exprimer une seule et même lettre. Là où, le principe du syllabisme une fois découvert, on reconnut des signes très distincts dont l'articulation consonnante restait, il est vrai, la même, mais en s'unissant à des voyelles différentes, tantôt initiales et tantôt désinentes, — on ne voyait à l'origine que des formes diverses représentant une même lettre. Les caractères qui exprimaient, par exemple, les diverses modalités phonétiques : *ra, ri, rou, ar, ir, our* étaient considérés comme autant d'*homophones* représentant une même valeur, celle de la lettre *R*.

Il n'est pas difficile de se rendre compte des moyens d'investigation et de vérification que fournirent, à cet égard, les noms d'hommes ou de villes contenus dans les textes de Persépolis ou de Bisitoun. Dans les noms propres, on le sait, la partie radicale et même le plus souvent l'articulation consonnante tout entière varient fort peu en passant d'une langue dans une autre. Le nom de Darius, par exemple, ne subit pas de modification sérieuse dans ses diverses formes : iranien, *Daryvus* ; grec, Δαρεῖος, *Darios* ; latin, *Darius* ; hébreu, דריוש *Dariush*. On pouvait donc attribuer d'avance la valeur *Da* au premier signe qui, dans le texte assyrien, correspondait au mot iranien *Daryvus*. On lisait en assyrien, en suivant ces principes, le nom du monarque persan *Daryaous*. Les valeurs syllabiques donnaient donc un résultat très satisfaisant. Fallait-il une contre-épreuve rigoureuse ? Il n'y avait pas besoin d'aller la chercher bien loin. Le nom de la Médie, en iranien *Mada*, se trouvait à plusieurs reprises exprimé dans les inscriptions trilingues. Le même signe assyrien, qu'on avait lu *Da* en tête du nom du roi persan, apparaissait au milieu du mot Médie : *Ma-da-i*, dans le texte de la troisième colonne. Cette signification *da*, indiquée d'abord par Hincks, a été d'ailleurs confirmée depuis par des vérifications innombrables.

Les inscriptions purement assyriennes de Babylone ou de Ninive, dès qu'on leur a appliqué les valeurs déjà acquises dans l'analyse des inscriptions trilingues, ont fourni un grand nombre de noms qui se sont trouvés parfaitement en rapport avec les transcriptions et les prononciations grecque, latine ou hébraïque.

Tels sont par exemple :

Abdimilkouti, Abdimelech, un des rois de Sidon.

Dimaska, Damas;

Libanna, Liban;

Kaldi, Chaldée;

Yaouda, Judée; en hébreu יהודה, Jéoudé;

Oursalimmi, Jérusalem; en hébreu ירושלם, Irousalim, etc.

Le syllabisme de l'écriture assyrienne est au-dessus de toute critique. M. Ménant, en suivant les traces de M. Oppert, a pu même donner à l'ensemble de cet alphabet syllabique une forme synthétique très satisfaisante et en exposer toutes les lois, ainsi que les lacunes apparentes, avec une méthode aussi savante que rigoureuse [1].

Mais le système graphique des vieilles civilisations assises sur les bords du Tigre et de l'Euphrate n'est pas seulement syllabique. Parallèlement à l'alphabet, dont nous venons de constater la nature, existe une autre sorte d'écriture, composée des mêmes éléments, des mêmes assemblages de clous et de flèches, par cela même qu'elle est dessinée, gravée au moyen du même instrument, du même *apex*; ce second système présente un caractère bien différent. Parfaitement comparable aux hiéroglyphes égyptiens ou aux monogrammes chinois, cette nouvelle écriture est purement *idéographique*.

Nous avons déjà eu occasion de parler d'un signe dont M. Botta avait compris dès le début la signification, ces six flèches inclinées dans des directions concentriques vers la droite qui correspondaient bien certainement à l'iranien *kchatiya*, roi. Au lieu de ce monogramme, on trouvait à

---

[1] Ménant. *Les Écritures cunéiformes*, in fine, 200 et suiv.

Persépolis même le titre royal persan traduit dans quelques textes des troisièmes colonnes par une suite de trois lettres qui donnaient le mot *Sâ-âr-rou, Sârou*. Il est évident que ces deux signes ont la même valeur puisqu'ils traduisent également un même mot du persan des Achéménides. *Sârou* n'est donc que l'expression phonétique, syllabique, du mot qui est représenté idéalement, figurativement par les six flèches de M. Botta.

Pour reconnaître le vrai caractère de l'écriture des troisièmes inscriptions, il n'y a au fond qu'à généraliser et qu'à étendre cette première donnée. L'originalité de l'écriture assyrienne réside à peu près tout entière dans ce point que les signes syllabiques et les idéogrammes y sont mêlés, confondus, employés côte à côte dans le même texte, dans la même phrase, dans le même mot. Jamais l'Égypte antique, qui a possédé tout à la fois pendant une longue suite de siècles une écriture hiéroglyphique et un système phonétique, ne les a étroitement unis et mélangés d'une manière aussi absolue. Elle a, il est vrai, fait usage tour à tour de l'une et de l'autre, mais d'une manière généralement exclusive, dans des textes distincts ou même en vue de destinations différentes. A Ninive et à Babylone, signes syllabiques, monogrammes, tout a été indistinctement employé à la fois, et c'est ce bizarre et parfait alliage qui a amoncelé tant d'obstacles devant les premiers pas des assyriologues.

Qui aurait pu, à l'origine, se douter que tel assemblage de coins était dans son essence susceptible de deux sens ne présentant aucune analogie, aucun rapport, et n'exprimant l'un qu'un son, qu'une syllabe, l'autre qu'une pure idée, une chose, un mot? On comprend avec quel effroi sir Rawlinson, voulant appliquer les valeurs phonétiques qui lui paraissaient certaines à la lecture des noms de Nabuchodonosor et de Babylone tels qu'ils apparaissaient sur le roc de Bisitoun, épela fort nettement *An-pa-sa-du-sis* et *Din-tir-ki!* En désespoir de cause, le savant orientaliste se vit contraint d'admettre que les lettres assyriennes pouvaient avoir plusieurs valeurs différentes. C'est là le phénomène général auquel il donna le nom de *polyphonie*, et que la vraie notion des idéogrammes mésopotamiens a réduit depuis à sa juste valeur.

Le problème trouve en effet dans l'état actuel de la science une solution facile. Les noms propres assyriens ont tous un sens complexe ; ils expriment d'ordinaire une formule déprécative. On peut les rapprocher très exactement à cet égard de certains noms que l'on retrouve dans la plupart des langues. Il nous suffira de citer le français *Dieudonné*, le latin *Deodatus*, le grec Θεοδωρος, l'hébreu *Natanaël*, qui ont une signification identique : *don de Dieu*.

Le mot *Nabuchodonosor* contient une invocation adressée à une des divinités les plus importantes du Panthéon babylonien. Ce nom par lequel nous avons traduit l'hébraïque Néboucanetzar doit être lu dans sa forme *syllabique* assyrienne, telle qu'elle nous est fournie avec la plus entière certitude par les inscriptions trilingues de Persépolis *Na-bou-cou-dou-ri-ous-sour*. Or, les trois mots Nabou-coudouri-oussour doivent être traduits : « Le dieu *Nabou* ou Nébo protège ma famille. »

Les cinq caractères auxquels on voulait d'abord appliquer la valeur des cinq lettres syllabiques : *An-pa-sa-du-sis*, doivent être lus en leur attribuant une signification purement idéographique, ce qui donne le résultat suivant : 1° *An*, c'est le monogramme général de la divinité qui précède constamment tout nom de Dieu ; 2° *pa*, idéogramme qui à l'origine paraît avoir figuré un instrument agricole, la herse, symbole de la surveillance et de la direction de l'agriculture, un des attributs caractéristiques du dieu *Nabou*; 3° *sa*, monogramme dont les syllabes *condouri* sont la traduction phonétique et qui exprime l'idée de *famille* ou de *race*; 4° et 5° *dusis*, autre idéogramme complexe qui apparaît dans d'autres textes et traduit dans une inscription cunéiforme de Suse l'impératif iranien : *Patar*, protége, garde [1].

Les deux formes si dissemblables du nom de Nabuchodonosor ont donc un sens identique et expriment absolument la même phrase. Il en serait de même pour toutes les autres formes du même mot dans lesquelles on mélangerait indistinctement les monogrammes et les lettres phonétiques. Théoriquement, il n'y a pas moins de huit manières d'unir ces deux séries d'éléments hétérogènes. Il y a donc huit façons d'écrire le nom du célèbre monarque, et on les a retrouvées en effet à peu près toutes sur les divers monuments de Babylone.

Le nom de la capitale de la Chaldée nous fournit un second exemple non moins frappant du double caractère du système graphique assyrien. Le persan *Babyrus*, Babylone (la lettre *r* remplaçant *l* qui n'existe pas dans l'alphabet iranien), est traduit dans le texte de la troisième colonne par trois lettres syllabiques : *ba-bi-lou*. Ces trois signes cunéiformes ne se retrouvaient plus à Bisitoun. A la place qu'ils auraient dû occuper, sir Rawlinson déchiffra trois caractères qu'il fallait prononcer Din-tir-ki. Ce sont là évidemment trois idéogrammes et leur signification n'est plus douteuse : *Ville du pays des langues*. C'était là un des noms de l'immense capitale qui rappelle l'antique tradition biblique, mais il est encore une autre forme graphique de Babylone d'un usage beaucoup plus fréquent. Dans la plupart des monuments babyloniens, sur les briques innombrables par exemple qui ont servi depuis un temps immémorial de matériaux de construction aux riverains de l'Euphrate, le nom de la grande cité est représenté par quatre monogrammes ; le dernier n'est que l'indication du *nom de*

---

[1] Pour tout ce qui concerne l'onomatologie assyrienne, on doit consulter l'excellent ouvrage de M. Ménant, *les Noms propres assyriens*, Paris, Dupont, 1861.

ville qui précède ; les trois autres représentent exactement non-seulement le sens, mais encore l'exacte prononciation de la forme syllabique *Ba-bi-lou*. En effet, le premier a la valeur idéographique de *porte* qui, en assyrien, se dit *bab* ou *babi*. Le second est l'idéogramme divin dont nous avons déjà parlé ; le troisième est le symbole du dieu Ilou, l'Ἦλος de Diodore, la divinité suprême des Assyro-Babyloniens. *Babylone* signifie donc à proprement parler *porte du Dieu Ilou,* et son expression hiéroglyphique ordinaire se trouve en même temps correspondre à la prononciation exacte du mot, telle que nous la fournissent les troisièmes colonnes de Persépolis.

Non-seulement les noms propres, mais en général tous les mots sont susceptibles de revêtir une expression en partie syllabique et en partie monogrammatique. Ce phénomène se présente notamment dans un cas très fréquent dont M. Oppert a le premier énoncé les lois. Il arrive souvent qu'un seul et même idéogramme peut représenter plusieurs idées étroitement unies ou du moins très voisines. Tel est par exemple le monogramme de la *lumière* qui exprime à la fois les trois notions de *Soleil,* de *Jour* et d'*Aurore*. Or, dans le langage comme dans l'écriture purement phonétique, jour se dit *youm* (le יום hébraïque), le soleil *samsi*, l'aurore *sadoū*. Pour figurer ces divers mots on écrira le plus souvent à Ninive et à Babylone le monogramme qui se rapporte à l'idée fondamentale et commune, mais on aura soin de le faire suivre de la terminaison, exprimée en caractères syllabiques, que leur attribue le langage, terminaison qui suffira alors pour en déterminer très nettement le sens.

Soit par exemple le monogramme de la lumière que nous représentons par L, mais qui est constitué en réalité par un grand clou perpendiculaire flanqué à gauche, vers sa tête, de deux petits clous obliquant de haut en bas vers la gauche :

L + le caractère syllabique *oum* représentera *youm*, jour.
L +   —   *si*   —   *samsi*, soleil.
L +   —   *doû*   —   *sadoû*, aurore.

Ce procédé que l'on a désigné sous le nom de *complément phonétique* résulte d'ailleurs si naturellement de l'emploi commun et simultané des signes idéographiques et des caractères phonétiques qu'on a pu en constater l'existence ou du moins en reconnaître des traces dans l'écriture japonaise comme dans les inscriptions hiéroglyphiques de l'antique Égypte.

Aucun système graphique connu ne présente pourtant au même degré le double et saisissant caractère qui donne à l'épigraphie assyrienne une incomparable originalité. Là seulement les deux grandes conceptions originaires qui ailleurs ont donné naissance à des formes fondamentales de l'écriture non-seulement distinctes, mais exclusives l'une de l'autre, se trouvent indistinctement juxtaposées et unies. Les inscriptions de la période la plus *classique* de la littérature assyrienne gardent le privilége d'avoir à peu près parfaitement marié un alphabet syllabique à un système complet d'hiéroglyphes. Cette confusion paraîtra toutefois moins étrange, si on considère que le germe en existe le plus souvent dans certaines formes, exceptionnelles il est vrai, des écritures dont le caractère alphabétique paraît n'admettre absolument aucune anomalie. Les chiffres dont nous nous servons pour exprimer la numération sont de véritables idéogrammes. Écrire 4 et lire *quatre*, c'est mettre en pratique, dans une certaine mesure, l'idée fondamentale du système mésopotamien. Ce rapprochement devient encore plus exact dans les langues où ce sont les lettres elles-mêmes qui servent à écrire les nombres, comme dans l'hébreu, dans le grec, etc. Les lettres-chiffres des Latins, X et V par exemple, avaient tout à la fois une valeur idéographique et une valeur phonétique. Si quelque contemporain de la confection des lois des douze tables s'était avisé d'exprimer la qualification de décemvir en écrivant *Xvir*, *décem-vir*, nous aurions trouvé au sein d'une écriture exclusivement phonétique une application très régulière du principe générateur de l'épigraphie chaldéenne.

Pour avoir une idée plus générale et plus complète de l'écriture dont nous venons d'esquisser les grandes lignes, c'est à nos *rébus* qu'il faut avoir recours. Dans ces devises illustrées, comme à Khorsabad, comme à Babylone, à côté de lettres phonétiques, des modulations écrites de la voix apparaissent des signes-images qu'il faut lire en leur attribuant la prononciation du mot, de l'idée dont ils figurent le sens. Ici, il est vrai, ce sont des dessins exacts, des copies fidèles de l'objet-modèle. Là au contraire, sur les briques ou sur les murs, nous ne voyons que des symboles. La ressemblance primitive a disparu. La base n'en est pas moins la même et l'idée-mère des deux systèmes au fond identique. Singulière destinée de cet accouplement étrange et complexe de caractères qui répugnent en quelque sorte à leur union ! Sur le seuil de l'histoire, il sert le développement d'une littérature et d'une science qui se perdent dans la nuit des temps. Il reparaît de nouveau au sein de nos civilisations modernes à l'état de curiosité et de distraction amusantes. La vie de l'humanité a parfois de ces ironies bizarres et suprêmes. Le système graphique, qui nous raconte sur les ruines même du plus antique monument du monde, sur les pierres de Babel, la gloire de Nabuchodonosor, ou qui immortalise les paroles de ces terribles conquérans qui ont nom Sargoun et Sennachérib ; — l'écriture, qui sert aujourd'hui de jouet aux enfants et de passe-temps aux oisifs, relèvent d'une même conception de l'esprit et présentent une réelle et profonde analogie !

III

Aux difficultés si complexes que nous venons d'énumérer,

les inscriptions de Ninive, de Babylone, celles des troisièmes colonnes de Persépolis, de Bisitoun, etc., en joignaient une autre d'un caractère tout particulier.

Nous pouvons facilement nous imaginer ce que serait pour nous à première vue un texte français ou italien écrit en caractères germaniques ou grecs. Bien que l'alphabet grec par exemple doive être considéré comme très rapproché de celui des Romains, la seule apparence d'un idiôme néo-latin caché sous des signes graphiques étrangers, suffirait d'abord pour nous dérouter. Que serait-ce s'il s'agissait d'une nouvelle fille du latin, inconnue jusqu'à ce jour, et qui prendrait ainsi à nos yeux le vêtement d'un dialecte hellénique? Il faudrait un long et sérieux examen pour déterminer sûrement la parenté et l'origine du dialecte dissimulé sous un pareil travestissement.

Telle est l'anomalie que présentent, à un degré éminent, les textes des inscriptions assyriennes. Ils sont l'expression d'une langue sémitique au même titre que l'hébreu ou l'arabe; mais cette langue n'a pas pour organe l'alphabet sémite et phénicien, père de tous nos alphabets européens, que la vieille linguistique avait même considéré comme l'alphabet primitif, en donnant à ce mot le sens le plus absolu. Cette sorte de dissonnance et d'antinomie a d'autant plus d'importance que l'alphabet phénicien est lui-même la plus exacte représentation, la plus fidèle image des articulations essentielles et du génie intime des langues sémitiques. Il y a entre ce système graphique et le fond de ces idiômes une étonnante harmonie, à ce point que l'un et l'autre paraissent sortis du même jet. Jusqu'à ces derniers temps l'histoire et la philosophie confirmaient pleinement l'indissolubilité de cette étroite alliance. Une langue sœur de l'araméen et de l'hébreu, mariée à un système graphique qui fait en quelque sorte violence aux lois de son phonétisme naturel et qui d'ailleurs s'éloigne complètement des formes et du cadre de l'alphabet des autres sémites! c'est là, dans la science, un fait inouï et il ne faut pas s'étonner s'il a été l'objet des plus longues discussions, des controverses les plus laborieuses et les plus acharnées.

Durant tout le temps de la lutte — et on ne peut pas dire qu'elle ait complètement cessé — les deux camps ont été fort tranchés. D'un côté, les sémitisans exclusifs dominés par le critérium alphabétique, et généralement les philologues qui sont restés plus ou moins complètement étrangers à l'étude et à l'examen directs des textes cunéiformes; de l'autre, la cohorte trop peu nombreuse qui a pris une part active à l'examen des épigraphes de Ninive et de Babylone, tous ceux même qui ont abordé le déchiffrement des inscriptions iraniennes ou médiques. Les deux illustres philologues notamment à qui revient le plus d'honneur dans l'analyse et la reconstitution de l'antique iranien, Eugène Burnouf et M. Lassen, avaient nettement pressenti et formellement indiqué que les inscriptions de la troisième catégorie devaient couvrir une langue sémitique, probablement araméenne.

A l'origine, M. Lowenstern n'obtint qu'une seule lecture certaine donnant un mot positivement et purement sémitique, sur lequel insista plus tard M. de Saulcy. C'était le mot : rabi רבי hébraïque et araméen (en assyrien *rabou*) dont un texte de l'évangile de saint Mathieu fournit d'ailleurs un exemple bien connu. Ce mot sort comme un cri de la bouche de Madeleine en pleurs lorsque, dans le jardin, elle reconnaît Jésus ressuscité : *rabi*, maître, grand.

Dans l'extrême misère où se trouvait alors la lecture des inscriptions assyriennes, M. Luzatto, de Padoue, avait encore beau jeu pour soutenir que ces épigraphes n'exprimaient toutes qu'une seule langue appartenant par la grammaire et les racines à la grande famille indo-européenne, et par conséquent parente du sanscrit. M. Hincks, qui poursuivait alors une idée indiquée déjà par M. Botta, porta bientôt à ces prétentions purement gratuites un coup décisif. Il retrouva à Persépolis et à Babylone le pronom sémitique : *je,* אנכי *moi,* sous une forme nouvelle parfaitement incontestable. L'ANaKou assyrien = l'ANoKi, hébraïque [1]. Pour qui connnaît le rôle supérieur et le caractère original et profond qui est attaché aux pronoms personnels dans toutes les langues, il y avait là déjà un sérieux indice du sémitisme de l'assyrien.

La solution de la question exigeait avant tout la mise en œuvre du procédé que M. Oppert a appliqué dans la suite avec tant de bonheur dans toute sa complète et féconde extension. En transcrivant, à l'aide des caractères hébraïcophéniciens, les mots exprimés et couverts par les signes cunéiformes, le génie de la langue reparaît et son sémitisme éclate en quelque sorte. Il y a là la forme sinon le germe d'une démonstration rigoureuse. Prenons par exemple sur une inscription persépolitaine le mot qui traduit certainement le nombre quatre renfermé dans le texte iranien ; essayons de lire ce mot en dehors de toute opinion préconçue sur la forme de la langue, en appliquant purement et simplement les valeurs syllabiques déjà acquises. Nous obtenons *ar-ba-iv.* Si nous cherchons maintenant l'hébreu qui correspond à notre mot quatre, nous trouvons : ארבעה ARBAH. L'analogie, disons mieux, l'identité du fond est évidente. Grâce à cette méthode, les mots chaldéens transcrits dans le système graphique des hébreux ont repris leur physionomie sémitique :

ABDiMiLKouTi = ABDiMeLeCH, un des rois de Sidon.

MiSiR = MiSRaIM, l'Égypte (IM est le signe du pluriel.)

---

[1] La fonction nette, fixe et arrêtée de la voyelle, telle que la possèdent par exemple nos alphabets modernes, est étrangère à l'alphabet hébraïco-phénicien et exerce une sorte de contrainte sur les lois phonétiques propres aux Sémites. Les prononciations variées des divers dialectes tendent ainsi à s'effacer ou à disparaître. L'écriture ne donne pour ainsi dire que la charpente osseuse du mot. ABRaHaM est identique à l'arabe IBRaHIM ; IouSSeF = IoSSeF, Joseph, etc.

BïLou = BĀL, le Dieu Bel ou Baal.
IoūM = IOM, jour, etc.

Une centaine de rapprochements pourrait ne donner qu'une probabilité très discutable, mais leur accumulation innombrable a atteint une pleine certitude.

Afin de trouver le sens des mots appartenant au persan de Darius et de Xerxès, on avait dû s'adresser au sanscrit et au zend, les plus anciennes langues indo-européennes de l'Orient. Pour reconstituer le lexique assyrien on était désormais en possession d'une méthode analogue. C'était aux racines hébraïques, araméennes et arabes qu'il fallait avoir recours. On pouvait déjà affirmer que les éléments sémitiques constituaient la majeure partie du vocabulaire de Ninive et de Babylone.

Les sémitisants purs, ceux qui ne connaissaient guère que de seconde main les découvertes de l'assyriologie, se refusèrent pourtant avec beaucoup d'énergie à reconnaître le sémitisme de la langue assyrienne. Cette opposition avait chez eux la force d'un *instinct*. Nous empruntons ce mot à M. Renan lui-même. On peut facilement prévoir les très sérieux motifs déjà indiqués de leur attitude. Elle tenait à ce que « *les langues sémitiques ont eu dès la plus haute antiquité un alphabet propre dont le type est l'alphabet phénicien; à aucune époque ni sur aucun point du monde, une langue sémitique ne s'est écrite avec un alphabet différend de celui-là..... l'alphabet sémitique est inséparable des langues sémitiques* [1]. »

Tel a été le point de départ et la base d'opérations de la résistance savante et habile qui s'est obstinée à méconnaître les titres de filiation de la langue de Ninive et de Babylone, et a fermé pour ainsi dire à l'assyrien les portes de l'histoire et de la critique officielle des langues sémitiques. On se ferait difficilement une idée de l'érudition

---

[1] Renan. *Histoire générale des langues sémitiques*, L. I, c II, 9º.

et de la finesse d'analyse que l'on a déployées dans cette longue et brillante lutte. L'issue toutefois n'est pas longtemps restée douteuse. Les recherches laborieuses des cunéiformisants accumulaient sans cesse dans leurs mains de nouvelles armes. La victoire est restée, non aux gros bataillons, mais aux faits les plus nombreux, à cette riche moisson de racines et de formes grammaticales patiemment amassée par les assyriologues.

Les affirmations de MM. Rawlinson, Hincks, de Saulcy et Oppert ne pouvaient trouver un plus terrible ennemi que l'auteur de l'*Histoire du peuple d'Israël*. C'est lui qui le premier descendit dans l'arène. On sait que l'illustre orientaliste combat avec la massue d'Hercule ou le marteau de Thor. M. Ewald est à quelques égards le Proudhon des études sémitiques. Il frappa vigoureusement, mais ses coups cette fois furent plus forts que justes[1].

Le sémitisme de l'assyrien a trouvé un adversaire non moins redoutable et plus déterminé encore. En repoussant les conclusions de M. Oppert, M. Renan défendait sa propre cause. L'axe principal sur lequel pivote l'*Histoire générale des langues sémitiques*, c'est la notion si nette, si précise et si tranchée, mais en même temps si exclusive et en grande partie artificielle, que l'auteur s'est faite du sémitisme. Pour cet esprit si vif, si coloré, d'une si exquise délicatesse, mais dont les précieuses qualités s'exagèrent jusqu'à l'intempérance, tout ce qui dans les civilisations primitives ne peut pas être réduit à deux éléments, la vie nomade et le monothéisme, ne doit pas être vraiment sémitique. C'est là une de ces vues à *priori*, d'une vérité partielle et très relative, mais séduisante, qui imposent parfois aux intelligences les plus hautes une théorie prématurée. Le célèbre auteur des *Études d'histoire religieuse*, ce savant éloquent et érudit, cet admirable dilettante qui a acquis l'impérissable hon-

---

[1] *Gœttingische gelehrte Anzeigen*, 1858, p. 190 et s.

neur d'avoir introduit la philologie dans la littérature, et l'esthétique dans la philologie, pèche pour ainsi dire par excès de finesse et d'analyse autant que par l'exagération du sens artistique. Après avoir, par ses ingénieuses distinctions et ses subtiles analyses, divisé quelques vérités jusqu'à la pulvérisation, — comme par une brusque volte-face, avec une brutale vigueur qui ne cesse pas d'être élégante, il masse et concentre tout d'un coup les faits en les groupant dans un seul faisceau dont l'unité est illusoire. Entre ces deux abîmes qu'il côtoie sans cesse et où il verse quelquefois, certes l'historien des langues sémitiques n'en reste pas moins un habile et ingénieux critique ; mais je traduis une sincère et consciencieuse impression en déclarant que, dans sa controverse contre M. Oppert, son maintien révèle une sorte de parti pris, et ses concessions elles-mêmes gardent une raideur mécontente et malaisée.

Si toutefois, il faut se hâter de le reconnaître, la victoire des principes de l'assyriologie pouvait être mise en question, c'est aux efforts de M. Renan que ce résultat serait dû. Il a multiplié, avec autant d'opulence que de généreuse modération, son érudition, ses objections et ses doutes. Ce fameux pronom $AN_a^oK_{ou}^i$, de Hincks, à ses yeux ne prouve rien ; n'est-il pas commun au copte et au berbère dont le sémitisme pur est plus que douteux ? Quelle façon plus plate et matérielle d'ailleurs d'exprimer les sons que celle qui résulte des lectures cunéiformes ? A-t-on jamais vu dans une langue sémitique la prépostion, l'idée : *à, dans, vers*, rendue par une autre racine que ל, *l*, et par un mot aussi étrange qu'*ina* ? Autant aurait valu parler à Cuvier d'*un carnassier à dents plates* ou d'un *mastodonte aîlé !* On trouverait difficilement une critique plus fine et plus gracieuse que celle de l'inscription trilingue de Xerxès à Vân, traduite par M. Oppert [1]. Une concession pourtant, une seule, suffit

---

[1] *Journal des savants*, 1859. Mars-avril-juin.

pour renverser cet échaffaudage artificiel autant qu'ingénieux : « *Il est clair que toutes ces considérations devraient céder devant un déchiffrement vraiment scientifique qui établirait que l'une des écritures cunéiformes révèle une langue sémitique* [1]. »

Il y a douze ans, M. Renan pensait d'une manière absolue que « *cette démonstration n'était pas encore fournie,* » et il se résumait en disant *qu'avec le sentiment qu'il pouvait avoir du sémitisme il lui répugnait d'admettre qu'une langue purement sémitique ait jamais été écrite dans cet alphabet.* En 1859, alors qu'il écrivait les trois remarquables articles du *Journal des Savants,* sa pensée prenait déjà une expression différente et plus circonspecte, et il ne se refusait pas complètement à reconnaître que la langue assyrienne, analysée par MM. Rawlinson et Oppert, *méritait à demi le nom de sémitique.* Son unique prétention était de sauver du naufrage les restes d'une théorie du sémitisme, si chère et si longtemps caressée. Il plaidait, en quelque sorte, les circonstances atténuantes de l'hébraïsme incontestable mais imparfait de la langue des troisièmes inscriptions. Tous ses efforts tendaient à rapprocher la notion intime et exacte de l'assyrien de cette hybridité singulière et exceptionnelle dont le pehlvi fournit un exemple jusqu'à présent unique. L'esprit si délicat et si délié de M. Renan mesurait le danger que les découvertes récentes tenaient suspendu sur ses plus générales et plus radicales affirmations, sur cette distinction capitale qu'il s'était efforcé de tracer entre les notions intellectuelles et les capacités sociales comme entre les grammaires des Sémites et des Ariens. L'auteur de l'*Histoire des langues sémitiques* déclare quelque part « *que si l'on veut qu'il se soit laissé dominer trop exclusivement par la considération des Sémites purs, nomades et monothéistes, et qu'il ait trop effacé de son tableau les Sémites païens,*

---

[1] *Hist. des langues sémitiques,* t. I, II, 9°.

industriels et commerçants, il ne s'en défendra pas pourvu qu'on lui accorde que les premiers représentent seuls l'esprit sémitique, parce que seuls aussi ils ont laissé DES MONUMENTS ÉCRITS ! » Cette conviction altière, ce langage si décidé doivent nécessairement être modifiés si les innombrables richesses, si les textes abondants et variés que nous ont donnés les rives de l'Euphrate et du Tigre représentent une langue essentiellement sémitique.

Or, il nous semble qu'on est parfaitement en droit d'affirmer aujourd'hui non-seulement que le fond de la population de la Chaldée était sémite, mais aussi que la langue d'Ashour, l'Assur de la Bible, constitue un rameau original et régulier tout à la fois de la grande famille syro-arabe. Sur cette dernière et difficile question, les *Éléments de grammaire assyrienne* de M. Oppert ne laissent plus subsister aucun doute. Ce n'est plus seulement un lexique riche déjà de plus de 5,000 mots qui vient témoigner en faveur du sémitisme radical de la langue de Ninive et de Babylone. Le souhait que M. Renan exprimait avec une incontestable hauteur de vues a trouvé son accomplissement : « *Le meilleur moyen de juger un système de déchiffrement,* disait-il, *c'est de voir l'idiome qui en sort, car la grammaire est quelque chose d'organique et de vivant où un ensemble artificiel ne peut se soutenir et qui trahit par de promptes dissonnances toute explication fondée sur autre chose que la réalité*[1] » Les formes grammaticales et les lois phonétiques de la langue de la Mésopotamie, nous sont maintenant, à peu de chose près, aussi bien connues que celles de la Palestine ou de la Syrie. Elles constatent que l'assyrien constitue réellement une branche spéciale, mais dépendante du tronc sémitique. L'idiome d'Ashour, frère légitime des langues d'Arphaxad (l'hébreu et l'arabe) et d'Aram (l'araméen, le syriaque, etc.), garde sous l'identité du fond com-

---

[1] *Journal des Savants,* mai 1859-1860.

mun, des traits particuliers et des caractères qui lui sont propres. Les différences qui le séparent de ses proches parents ne sont guère ni plus ni moins accentuées que celles par exemple qui distinguent l'hébreu de l'arabe ou de l'araméen. Sur certains points et pour certaines formes, les dialectes de Babylone ou de Ninive se rapprochent de l'arabe ; sur d'autres chefs ils s'en écartent pour faire apparaître une grande analogie avec les langues de la Syrie.

Une notion aussi précise et aussi sûre du vrai caractère de la langue assyrienne doit être éminemment féconde. C'est ainsi qu'après avoir observé que l'emploi de l'article est inconnu à la Mésopotamie aussi bien qu'à l'autre branche du sémitisme septentrional, M. Oppert a pu affirmer déjà, avec une probabilité voisine de la certitude, que les deux rameaux d'Aram et d'Ashour sont restés unis et mêlés postérieurement à la séparation de la branche hébraïco-arabe d'Arphaxad [1].

Les langues de Babylone et de Ninive jouent désormais, vis à vis les langues classiques de la philologie sémitique, un rôle parfaitement analogue à celui que le rameau zendo-iranien par exemple occupe dans la grande famille indo-européenne. De même que l'idiome de l'Iran représente un côté spécial du développement philologique et intellectuel des Arias, de même les monuments de Ninive et de Babylone nous procurent un aspect nouveau, une face inconnue et particulière du langage et de la civilisation sémite. La découverte de ce nouvel élément est comparable à ce que serait en géographie la reconnaissance d'un des lacs de l'Afrique équatoriale qui servent de source ou de réservoirs aux deux ou trois fleuves dont la réunion constitue le grand Nil.

Le large et solide couronnement des travaux de l'assyriologie contemporaine, que nous devons à M. Oppert, nous

---

[1] *Éléments de la Grammaire assyrienne.* Paris, imp. impér., 1860. Ch. II.

ouvre ainsi une voie nouvelle pour remonter plus haut dans la formation des langues sémitiques et sonder plus près de la source les caractères originaires d'une des familles les plus nobles et les plus fécondes de l'humanité primitive.

IV. — ORIGINE DU SYSTÈME GRAPHIQUE CUNÉIFORME

I

Après le coup-d'œil que nous venons de jeter sur les trois grandes catégories d'épigraphes persanes, touraniennes et assyriennes, on peut se faire une idée du vaste domaine qu'occupe dans l'espace et dans le temps le système graphique cunéiforme.

On trouve des exemples ou des traces d'inscriptions cunéiformes dans le vaste quadrilatère compris entre l'Indus à l'est, l'Oxus et l'Iaxarte au nord, l'Euphrate à l'ouest, le golfe Persique et la mer des Indes au sud. Le système épigraphique qui a fait du clou ou du coin l'élément de ses caractères, paraît à une époque reculée avoir été en somme adopté par tous les peuples de la haute Asie occidentale. Dans les inscriptions recueillies par Schulz sur les bords du lac de Van, M. de Saulcy a reconnu les caractères babyloniens, mais il a constaté qu'ils servaient à l'expression d'une langue inconnue qu'on pouvait toutefois soupçonner appartenir à la grande famille indo-européenne [1]. A Suse on a encore pu signaler des épigraphes cunéiformes exprimant un dialecte indéterminé. A Diarbékir enfin, le consul britanique, M. John Taylor, a trouvé sur l'emplacement présumé de *Tigranocerte*, à la source du Tigre et dans plusieurs autres localités, de fort belles inscriptions rédigées en langue assyrienne.

Le document le plus ancien qui ait été jusqu'à présent traduit remonte à plus de 1800 ans avant notre ère. Sa lecture, hérissée de difficultés, est due à un cunéiformisant français que nous avons eu occasion de citer pour ainsi dire à chaque page, M. Ménant [2]. Cette inscription est bien antérieure à la fondation des grands empires de la Chaldée. Le roi Hammourabi, dont elle immortalise les travaux d'irrigation et d'endiguement, ne régnait guère, à part Babylone, que sur quatre ou cinq villes du Bas-Euphrate. Les listes royales de sir Rawlinson et de M. Oppert nous donnent le nom d'un grand nombre de rois appartenant à des dynasties antérieures à Hammourabi, de telle sorte qu'on peut, en restant dans les limites d'une grande réserve, reculer jusqu'à 2500 ans avant Jésus-Christ l'usage des épigraphes cunéiformes. Après avoir traversé les empires séculaires de Babylone et de Ninive et rencontré dans ce long voyage les noms des Sennacherib, des Sardanapale, des Nabuchodonosor, des Cyrus et des Xerxès, la dernière inscription connue nous conduit au dernier des Darius et des Achéménides, et à la conquête macédonienne. La première des grandes inscriptions historiques est donc contemporaine d'Abraham, et la dernière d'Alexandre. Plus de quinze siècles les séparent!

Quant à ce qui concerne la richesse des nouveaux maté-

---

[1] *Inscriptions de Van*, dans les mémoires de la Société asiatique de France, 20 juin 1847. — *Revue orientale*, 15 juin 1852.

[2] Inscriptions de Hammourabi, roi de Babylone. 1863.

riaux acquis à la science, on n'en saurait trop faire ressortir la variété et l'importance ; les textes recueillis dans la Babylonie rempliraient vingt volumes in-folio. Les inscriptions des Achéménides, celles de Borsippa, des Sargonides, expliquées par M. Oppert, ont renouvelé l'histoire de la Perse et de l'Assyrie. La partie de ces antiques documents qui a trait aux sciences, à la grammaire, à l'astronomie, dont on n'a guère jusqu'à présent abordé l'interprétation, présentera bien certainement le plus vif intérêt. Les découvertes et les travaux des cunéiformisants ouvrent à la pensée humaine tout entière des voies ou des éclaircies nouvelles sur le passé.

Un des caractères les plus singuliers de l'écriture cunéiforme et plus particulièrement de l'écriture assyrienne, c'est une fixité relative. Si on se rapporte au dernier millénaire qui constitue en quelque sorte la période classique de la vie du système graphique mésopotamien, on n'a guère à distinguer que les styles de Babylone, de Ninive et de Persépolis, ou les autres différences paléographiques qui tiennent à la matière employée par les lapicides. Il faut arriver aux plus anciennes inscriptions pour reconnaître un ensemble différent et caractérisé de types auxquels on a donné le nom d'*archaïques*. En remontant plus loin encore, on trouve des traces d'une écriture dite *hiératique*. Cette écriture n'est plus, à proprement parler, cunéiforme, et l'analyse de ses signes a permis à M. Oppert d'admettre un système graphique antérieur et primitif, purement hiéroglyphique.

Ces dernières découvertes se rattachent étroitement à une dernière et grande question : l'origine des écritures cunéiformes. Il nous reste à faire connaître les données de ce difficile problème, à exposer la solution due aux recherches de M. Oppert, et à en examiner les diverses conséquences.

II

Les inscriptions persanes ou médiques, les épigraphes trouvées à Suse ou à Van appartenant évidemment à une époque incomparablement plus récente, il paraissait d'abord fort naturel d'attribuer directement à l'Assyrie l'invention du système graphique cunéiforme. C'est à Babylone ou à Ninive en effet que l'on trouve des monuments d'une antiquité parfaitement comparable à ce que nous offrent à cet égard l'Égypte d'un côté, la Chine de l'autre ; c'est là seulement que, dès le vingtième siècle avant Jésus-Christ, nous sommes mis en présence d'une écriture régulièrement appliquée aux documents officiels et aux proclamations royales.

Cette hypothèse, si séduisante au premier abord, ne peut plus désormais être soutenue. L'ingénieux examen et la savante critique de M. Oppert aboutissent à cette nette et solide affirmation que les peuples de la Babylonie ont reçu leur écriture d'une race étrangère parlant un idiôme qu'on ne peut en aucune façon rattacher aux langues sémitiques. Dans une exploration qui dépassait les limites des témoignages des historiens, puisqu'elle abordait nécessairement les temps *anté-historiques*, le double point de départ de M. Oppert a été 1° l'origine hiéroglyphique des caractères cunéiformes, 2° l'identité des deux systèmes graphiques, assyrien et touranien.

Il est d'abord incontestable que l'écriture cunéiforme ne doit son caractère distinctif qu'à l'*apex* qui tenait lieu de plume et qu'on appliquait sur le marbre ou sur la brique destinée à recevoir les empreintes. On a trouvé à Babylone des sortes de burins triangulaires à manche d'ivoire dans lesquels il est facile de reconnaître l'instrument qui servait à tracer sur la pierre les signes à forme de coins ou de flèches[1]. Ce stylet a été pour le système graphique cunéiforme ce que le pinceau a été pour l'écriture chinoise. Avant que ce burin ne fût employé, antérieurement aux signes dits *modernes* ou classiques et aux signes *archaïques* qui les ont précédés, nous trouvons des spécimens d'une écriture purement linéaire, sans clous et sans pointes, à laquelle M. Oppert a donné le nom d'*hiératique*. C'est là surtout qu'il est facile de reconnaître et d'étudier les hiéroglyphes originaires dont les dérivations ont donné naissance aux caractères cunéiformes. Les signes idéographiques qui expriment par exemple les idées de main, d'œil, d'oreille, de maison, de porte, de cœur, etc., sont visiblement des peintures, des images, des hiéroglyphes proprement dits. Dans les épigraphes des différentes époques, on peut en quelque sorte suivre pas à pas les métamorphoses à travers lesquelles le signe-image primitif s'est peu à peu transformé, par des dégradations et des abréviations successives, en un monogramme en apparence purement conventionnel.

L'hiéroglyphisme originaire de l'écriture cunéiforme devient ainsi parfaitement évident. M. Oppert en a déduit ce grand principe que les significations syllabiques des lettres cunéiformes doivent représenter le son des mots ou tout au moins du commencement des mots qui exprimaient l'idée, l'image figurée, dans la langue des inventeurs de l'écriture. Si, par exemple, quatre flèches croisées en forme d'étoile ont tout à la fois dans le style archaïque de l'écriture babylonienne la signification idéographique de *Dieu* et la valeur syllabique de *an*, on est en droit d'en conclure que dans la langue des inventeurs du système, Dieu devait se dire *an*, ou tout au moins devait être exprimé par un mot qui commençait par cette syllabe.

Malheureusement, lorsqu'on consultait le vocabulaire assyrien déjà connu, ce critère ne donnait aucun résultat

---

[1] *Expédition scientifique en Mésopotamie*. I, 59, 63.

favorable. A Ninive ou à Babylone, par exemple, l'idée de Dieu était rendue par le mot *Ilou,* congénère de l'*Allah* arabe et de l'*Elohim* hébraïque.

Il n'était pas douteux, d'autre part, que l'écriture des inscriptions dites *médiques* présentait une analogie frappante avec les caractères chaldéens. M. de Saulcy avait déjà signalé cette profonde ressemblance. M. Oppert alla plus loin et établit pour les neuf dixièmes des lettres syllabiques de la Médie, comme pour ses idéogrammes, l'identité des deux systèmes. Ici on se trouvait en présence d'une langue très-différente de l'assyrien, et M. Oppert y constata une justification vraiment étonnante de son hypothèse. Dans la langue des secondes inscriptions, les quatre clous croisés en étoile (style archaïque) ou leur équivalent dans le style moderne (deux clous horizontaux à la suite l'un de l'autre, suivis d'un clou perpendiculaire) ont à la fois la signification idéographique de *Dieu* et la valeur vocale de *an*. Or, dans le médo-touranien, Dieu se dit non plus *ilou* comme à Ninive, mais *an-nap*. La signification syllabique est ici l'équivalent exact du commencement du mot qui exprime dans la langue des secondes inscriptions l'image figurée par l'hiéroglyphe. Le principe de M. Oppert trouve ainsi une très rigoureuse vérification.

Il n'est pas besoin d'insister pour montrer tout ce qu'un pareil fait apporte avec lui de certitude. Un exemple emprunté à nos écritures modernes, autant que leur constitution peut le permettre, en rendra toutefois la perception plus claire.

L'usage a consacré dans notre système graphique un mot d'une nature particulière et qui peut être considéré comme une sorte d'idéogramme. C'est l'ensemble des trois lettres *ETC,* mis à la fin d'une phrase ou d'une énumération. Cette abréviation existe à la fois en latin et en français absolument comme le signe-image des quatre clous croisés en étoile se trouve dans l'écriture assyrienne et dans celle des secondes inscriptions. Quand nous voulons nous astreindre à lire la valeur vocale des trois lettres *etc*, nous les lisons de la même façon dans les deux langues latine et française; de même nous prononçons invariablement la syllabe *an* dans les textes soit médiques, soit chaldéens, lorsque nous prenons dans le sens phonétique le caractère commun aux deux écritures.

Supposons maintenant que nous trouvions dans certains ouvrages au lieu du signe conventionnel *etc*, l'insertion régulière des mots qui en rendent l'idée, on dira en français : *et le reste,* en latin : *et cœtera.* C'est par un procédé identique que dans le système cunéiforme, le lapicide substituant à l'emploi de l'idéogramme, l'inscription des caractères purement syllabiques écrira en assyrien *I-LOU,* en médique *AN-NAP*, pour exprimer phonétiquement l'idée de Dieu.

Ceci posé, alors même que nous ignorerions les rapports et l'âge historiques respectifs du latin et du français, ne pourrions-nous pas répondre à celui qui nous demanderait quelle est la langue dans laquelle on a employé originairement le signe idéographique *ETC?* — Il nous serait facile d'affirmer : 1° Qu'*ETC* est évidemment une abréviation de *et cœtera* et n'a aucun rapport graphique direct avec les mots français *le reste ;* 2° que par conséquent le peuple qui a imaginé d'exprimer ainsi brièvement l'idée contenue dans *et cœtera* parlait latin ; 3° enfin que le peuple parlant français n'a fait que conserver dans l'écriture venue du dehors et adoptée par lui ce procédé et ce signe d'origine étrangère.

Un raisonnement parfaitement analogue nous permet de conclure que — si d'un côté nous trouvons en assyrien un idéogramme ayant la signification figurative de *Dieu* et la valeur syllabique de *an,* alors que Dieu se dit en assyrien *Ilou,* — si de l'autre nous constatons que dans la langue des inscriptions médo-touraniennes, qui possède elle aussi ce signe avec sa double valeur, *Dieu* se lit et se prononce *An-nap,* — il faut attribuer l'origine du système graphique cunéiforme non à l'Assyrie, mais bien à un peuple parlant une langue analogue sinon identique à celle des Médo-Scythes.

Il y a d'ailleurs un ordre d'arguments parfaitement distinct qui vient ajouter une autorité nouvelle à l'opinion de M. Oppert. L'écriture employée par les Chaldéens répugne visiblement à l'expression d'une langue aussi purement sémitique que celle de Babylone et de Ninive. Il n'y a presque pas de son ordinaire accompagnant les signes graphiques babyloniens qui soit explicable par une langue de cette famille [1]. De vrais sémites ne peuvent en aucune manière avoir inventé une écriture qui serait aussi peu en harmonie avec les convenances de leur idiôme et l'échelle de leurs articulations. — Il faut en conclure que les signes cunéiformes y ont été importés, imposés même peut-être par une nation, par une race *allogène*. Là est la vraie solution qui justifie et explique tout à la fois et d'une part l'opposition des hébraïsants se refusant à admettre le sémitisme d'une langue dissimulée sous le vêtement étranger des signes cunéiformes, opposition dont M. Renan s'est fait le redoutable organe, et de l'autre côté le sémitisme si clair et si évident des radicaux et des formes grammaticales assyriennes, alors que, grâce à l'idée de M. Oppert, on les rhabille, pour ainsi dire, avec les lettres de l'alphabet sémito-phénicien.

Nous pouvons maintenant nous faire une idée quelque peu précise de ce qui s'est passé à une époque des plus reculées sur les rives du Tigre et de l'Euphrate. Les sémites assyriens y ont reçu une écriture hiéroglyphique de mains et de voix étrangères. En l'adoptant, ils acceptèrent en même temps les significations idéographiques des signes, *Dieu* par exemple, pour le caractère dont nous venons de parler, et le son qui y était attaché dans la langue des inventeurs: *An* ou *Annap*. Peu à peu ils négligèrent les idées dont les

---

[1] Oppert. *Expéd. scient.*, ch. VI.

images étaient les représentations, et de cette séparation entre le signe ou la lettre et l'image qui lui avait donné naissance, naquit un système tout à la fois idéogrammatique et syllabique, mais tendant de plus en plus au pur syllabisme, système fort étrange, sans doute, mais dont les avantages surpassaient bien certainement alors les singularités.

Ce n'est là d'ailleurs que l'application d'une loi de développement applicable dans une certaine mesure à tous les systèmes graphiques. L'alphabet de notre civilisation occidentale a une origine analogue. — Notre lettre A, par exemple, doit sa valeur à cette circonstance qu'à l'origine elle figurait hiéroglyphiquement le bœuf (l'A n'est que la tête de bœuf renversée ∀), et que dans les langues sémito-phéniciennes, bœuf se dit *aleph*. L'*aleph* hiéroglyphique est devenu la lettre alphabétique A, absolument comme le quatre clous formant étoile et exprimant l'idée de *Dieu*, se sont transformés en la lettre syllabique *an*.

III

La langue des inscriptions de la deuxième catégorie, dites *médiques*, devant être indubitablement rattachée à la grande famille tartaro-finnoise, on est déjà, paraît-il, en droit d'affirmer que c'est un peuple scythique ou tartare qui a apporté à l'Assyrie son écriture épigraphique. L'origine touranienne du système cunéiforme, telle est en effet la seconde partie de la thèse que M. Oppert a développée avec autant de logique que de profonde érudition.

Nous croyons avoir montré que le caractère touranien de la langue des secondes inscriptions est rigoureusement certain, et que les observations de M. Renan, loin d'avoir la portée négative qu'il leur attribue, militent en quelque sorte contre ses propres conclusions [1]. Sur le nouveau terrain où nous sommes placé, les découvertes de M. Oppert fournissent tous les éléments d'une vérification et d'une démonstration nouvelle.

Grâce, en effet, aux laborieuses recherches consignées dans les chapitres V, VI et VII de l'*Expédition scientifique en Mésopotamie*, l'origine touranienne de l'écriture de la Chaldée repose sur un ensemble harmonique de faits et de rapprochements aussi précis que solides. Il n'en fallait pas moins, avouons-le, pour établir un fait aussi inattendu, aussi surprenant que l'attribution faite aux Scythes d'un des plus anciens et des plus savants systèmes graphiques qu'ait imaginé l'humanité.

Recueillir ce qui reste de la langue médo-touranienne des secondes inscriptions, confronter les doubles valeurs graphiques, les idées et les sons, conclure de trois ou quatre observations capitales, il est vrai, et très frappantes, que c'est à un peuple frère ou très proche parent des touraniens de la haute Médie que les Assyriens ont emprunté leur écriture, la méthode est sans doute légitime et le résultat fondé ; mais cette base unique et isolée d'une argumentation d'ailleurs correcte paraît, quoiqu'on fasse, bien étroite pour servir de fondement à une affirmation aussi importante.

Fort heureusement les épigraphes de Ninive ont révélé à M. Oppert l'existence d'une nouvelle langue, sœur, peut-on dire, de l'idiôme des médo-touraniens. Parmi les nombreuses tablettes exhumées à Koioundjick, on avait déjà signalé une sorte de vocabulaire où, vis à vis du mot sémitique assyrien, on trouvait le mot correspondant dans une langue étrangère. Cette langue, M. Oppert l'a démontré, est évidemment très voisine de celle des secondes inscriptions. C'est, en quelque sorte, le scythique de la Chaldée. Aussi M. Oppert lui a-t-il donné le nom de *kasdo-scythique*. Les

---

Voir *Les Inscriptions touraniennes.*

rapprochements tentés entre les mots de cet idiôme et les significations phonétiques des caractères cunéiformes à double valeur ont fourni des résultats vraiment inespérés. Ce n'est donc pas seulement le médo-scythique, c'est encore le kasdo-scythique qui vient prouver l'origine touranienne de l'écriture assyrienne.

M. Oppert a enfin tenté un troisième ordre de confirmation en s'adressant aux radicaux des langues tartaro-finnoises, actuellement existantes. Les inventeurs de l'écriture cunéiforme ne devaient pas parler, en effet, le médo-touranien qui est plus moderne de cinq siècles, ni même le kasdo-scythique contemporain de Sardanapale, et par conséquent postérieur de trois cents ans. Si on trouve dans ces deux langues des traces aussi sensibles de l'idiôme primitif des inventeurs de l'écriture, ne doit-il pas être permis d'en rechercher jusque dans les langues touraniennes qui paraissent relativement les mieux fixées et les plus anciennes, telles que le turc et le madgyar? Ici encore il a été facile au savant cunéiformisant de montrer que les valeurs phonétiques de certains monogrammes assyriens, qui n'ont pas laissé de traces dans le médo-touranien ou dans le kasdo-scythique, s'expliquent directement par l'étude du vocabulaire des langues tartaro-finnoises. Il nous suffira d'en fournir quelques exemples :

Monogrammes Assyriens dont le sens idéographique est :	dont la valeur phonétique est :	Mots empruntés aux langues touraniennes :
1. Lumière.	1. *Nap.*	1. *Nap*, jour, en madgyar.
2. Père.	2. *At*	2. *At-ya*, père, en turc.
3. Glaive.	3. *Pal.*	3. *Pallos*, épée, en madgyar.
4. Mesure.	4. *Sam.*	4. *Szam*, nombre, en madgyar
5. Race.	5. *Nam.*	5. *Nem*, race, en madgyar.
		(En médo-touranien, *Nam-an*, race.)

Lorsqu'on connaît la fluctuation vraiment prodigieuse, l'état permanent de transformation et de changement incessant qui caractérisent le cours des mots et des désinences dans les dialectes du groupe touranien, on peut apprécier à sa rigoureuse valeur le phénomène de l'identité de ces diverses racines dans le scythique parlé, il y a près de quatre mille ans, sur les bords de l'Euphrate et dans le turc ou le madgyar contemporains. L'historien et le plus éminent critique de la philologie touranienne, M. Max Muller, constate que dans les langues tartaro-finnoises l'unité d'origine n'est le plus souvent attestée, à part un nombre relativement restreint de radicaux, que par la corrélation et la similitude soit des pronoms, soit des noms de nombres auxquels reste attachée une fixité exceptionnelle [1]. Cette dernière contre-épreuve apporte donc à la thèse du touranisme primitif de l'écriture cunéiforme le plus net et le plus éloquent des témoignages.

IV

Il reste à se rendre compte d'un phénomène aussi extraordinaire que l'apparition d'une langue, d'une écriture et vraisemblablement aussi d'une civilisation touranienne sur les bords du Tigre et de l'Euphrate, plus de vingt siècles avant l'ère chrétienne. C'est la singularité quelque peu choquante, dans l'état des sciences historiques, d'un pareil événement, plutôt que des considérations philologiques spéciales et bien fondées, qui a, sans nul doute, déterminé la résistance énergique de l'auteur de l'*Histoire des langues sémitiques* à l'origine tartaro-finnoise de l'écriture et de la civilisation chaldaïques.

M. Renan reconnaît que l'auteur de l'*Expédition scienti-*

---

[1] M. Max Muller. *Letter on the turanian language* — La science du langage, — ch. VIII.

tique en Mésopotamie, « *a abordé la question d'origine avec beaucoup de bonheur,* » qu'il a établi « *d'une manière certaine l'origine hiéroglyphique de l'alphabet cunéiforme,* » que « *personne n'a porté sur ce point autant de pénétrantes clartés.* » Il éclare que « *décidément l'écriture cunéiforme n'est pas l'œuvre d'une race sémitique,* » mais il ne peut approuver « *qu'on attribue à cette écriture une origine touranienne*[1]. » Quelle est donc à cet égard l'opinion du célèbre orientaliste? Toutes les fois qu'il aborde la solution des difficultés relatives aux découvertes de l'assyriologie, ses conclusions vagues et divergentes trahissent visiblement une frappante indécision. Ainsi après avoir affirmé « qu'en voyant les rapports si évidents des *écritures et des civilisations* de l'Égypte, de la Chine et de la Chaldée, on est porté non à les confondre et à les identifier, mais à les regarder comme appartenant à un même ordre de l'histoire de l'humanité caractérisé par *l'usage des formes idéographiques,* le grand développement matériel, l'absence de l'esprit politique et d'une moralité élevée[2] », M. Renan propose d'y voir l'œuvre d'une race et d'une civilisation *Kouschite* dont l'existence nous serait également révélée par l'Inde anté-brahmanique avant l'arrivée des Ariens. Cette hypothèse apparaît sous des formes et avec des réserves diverses dans le cours de cette savante et charmante histoire des langues sémitiques; elle se retrouve dans les conclusions si nettes, et à certains égards si élevées, qui terminent le dernier livre. L'invention de l'écriture hiéroglyphique cunéiforme y est formellement attribuée aux *Kouschites de l'Asie occidentale*[3].

D'un autre côté, le célèbre écrivain ne rattache pas avec moins de précision la face la plus importante de la civilisation chaldéenne à un élément iranien. « Dans ma pensée,

---

[1] *Journal des Savants*, mars 1859.
[2] Id. Id.
[3] *Histoire générale des langues sémitiques*, l. V, ch. II, 502.

toute la grande civilisation qu'on désigne sous le nom un peu vague d'assyrienne avec ses arts plastiques, *son écriture cunéiforme*, ses institutions militaires et sacerdotales, n'est pas l'œuvre des sémites. La puissante faculté de conquête et de centralisation qui semble avoir été le privilége de l'Assyrie est précisément ce qui manque le plus à la race sémitique..... La race tartare n'a couru le monde que pour détruire ; la Chine et l'Égypte n'ont su que durer et s'entourer d'un mur ; les races sémitiques n'ont connu que le prosélytisme religieux ; la race indo-européenne seule a été conquérante à la grande manière, à la manière de Cyrus, d'Alexandre, des Romains, de Charlemagne. L'Assyrie nous apparaît à cet égard comme un premier essai d'empire fondé par une aristocratie féodale ayant à côté d'elle, comme en Médie et en Perse, une caste religieuse. Nous sommes donc autorisé à rattacher la classe dominante de l'Assyrie, au moins depuis le huitième siècle, à la *race arienne*[1]. »

Le rôle donc que les derniers travaux des assyriologues et notamment ceux de MM. Rawlinson et Oppert, attribuent à l'élément touranien, c'est tantôt aux Kouschites, tantôt aux Ariens de l'Iran que M. Renan prétend le donner. C'est en insistant sur ce dernier point de vue que ses assertions et ses arguments atteignent, il faut le reconnaître, une valeur qui doit être mise bien au-dessus des pures dénégations et des répugnances instinctives exprimées avec élégance dans le *Journal des Savants*[2]. Aujourd'hui toutefois que la plupart des noms propres de Ninive et de Babylone ont été parfaitement lus et analysés[3], leur sémitisme ne peut plus être douteux, et la tentative, ou tout au moins la tendance de M. Renan à les expliquer, après Gesenius et Bohlen, par les idiômes de la Perse, ne peut fournir aucun résultat sérieux.

---

[1] *Histoire générale des langues sémitiques*, t. I, ch. II, 69.

[2] *Journal des Savants*. Avril 1859.

[3] V. Ménant, les noms propres assyriens. — Benjamin Duprat, 1861.

Aussi la partie vraiment solide de l'argumentation soutenue dans le second chapitre du livre premier de l'histoire citée nous paraît-elle reposer exclusivement dans l'étymologie du nom de la Chaldée et des Chaldéens [1], où l'habile écrivain a mis en œuvre les ressources de son érudition et de sa critique. C'est évidemment sur ce terrain et sur ce dernier point qu'il convient de le suivre.

M. Renan prend pour point de départ l'identification du nom des Chaldéens et de celui des Kurdes de la haute Arménie. Entre la forme grecque du nom des dominateurs de l'Assyrie : χαλδαῖοι, Chaldæi, et le mot hébraïque : כשדים, Kasdim, il suppose la forme intermédiaire Kard voisine de la première par l'affinité des lettres s et r, et de la seconde par l'affinité des lettres l et r, lesquelles sont confondues dans les anciens dialectes de l'Iran. Les noms si divers, mais concordants des peuplades et des montagnes du Kurdistan dans l'antiquité : Καρδακες, Καρδοῦχοι, Κορδιαῖοι, Γορδυηνοι, Γορδυαῖοι, Gordiani, Kardu, donnent une très grande force à cette opinion qui, soutenue d'abord par Michaëlis, développée plus rigoureusement par MM. Lassen et Ritter, a conquis depuis des adhésions aussi importantes que celles de MM. Ewald, Layard, Kunik, Pott. M. Renan n'hésite donc pas à placer dans les montagnes qui couronnent au nord-est le bassin supérieur du Tigre « la Chaldée primitive. »

La seconde partie de sa thèse est beaucoup moins sûre. Pour établir le caractère iranien de la langue *primitive* des Kurdes, il ne suffit pas de montrer avec M. Pott que le langage actuel des populations du Kurdistan n'est pas foncièrement sémitique. La démonstration reste des plus insuffisantes alors, surtout que l'on constate dans cette langue moderne si complexe, la présence d'une forte proportion d'éléments turcs et touraniens. — M. Renan n'en considère pas moins « les Chaldéens établis à Babylone au septième

---

[1] Renan, loc. cit. l. I ch. II, 5, 7.

siècle avant Jésus-Christ, comme un rameau détaché de la famille iranienne qui s'établit plus de deux mille ans avant notre ère dans les campagnes du Kurdistan où on la retrouve aujourd'hui. »

Pour nous, ne trouvant pas de motifs sérieux pour repousser l'assimilation proposée par M. Lassen entre les Kurdes primitifs et les Chaldéens de Babylone, nous sommes porté par cela même à voir dans les premiers de vrais Touraniens. Mais en tout cas l'étymologie du nom de Chaldée nous paraît devoir être d'abord recherché dans la langue elle-même des Chaldéens. Nous croyons que les inscriptions nous fournissent à cet égard de précieuses indications. La racine כשד KaSD, ne se trouve pas, il est vrai, en hébreu ou en arabe. Mais elle existe sous des formes diverses dans la langue assyrienne et les textes persans des inscriptions trilingues nous donnent la signification de ses dérivés. Le verbe KaSaD, dont nous possédons de fréquents exemples dans les épigraphes, signifie marcher en avant, assaillir, attaquer, mieux encore conquérir, — *ana kasadi ana madai* (inscription de Bisitoun, 27) traduit l'iranien *yathâ mâdam parâraçam*, en assaillant, en attaquant la Médie. La forme du substantif a un sens parfaitement conforme. KaSiD signifie l'assaillant, le vainqueur. Le chien de Sardanapale, dont l'image est peinte sur les murs de Koioundjick, s'appelle *Kasid aïbi*, le vainqueur de l'ennemi. Le roi Hammourabi s'intitule le *kasid*, le vainqueur des ennemis de Mérodak [1]. Tiglath-Pileser prend un titre analogue. Il nous paraît probable de voir la véritable origine du nom des Chaldéens, des *Kasdes*, dans un mot qui caractérisait à juste titre les envahisseurs, les conquérants de l'Assyrie, et qu'ils avaient dû probablement s'attribuer eux-mêmes. Ce qui donne d'ailleurs une forte autorité à l'assertion que nous ne craignons pas d'avancer, c'est que cette racine KaSD, dans le

---

[1] V. Ménant, *Inscriptions de Hammourabi*, 34, 35.

sens précité, est parfaitement inconnue aux langues sémitiques et qu'elle doit, par conséquent, avoir une origine étrangère. Cette origine où la chercher ailleurs que dans cette langue touranienne et tartare voisine du médo-scythique que nous trouvons au temps de Sardanapale, vivant côte à côte avec l'assyrien sémitique sur les murs des palais de Ninive?

La comparaison si frappante elle-même, que M. Renan invoque à l'appui de sa thèse, nous paraît devoir être revendiquée en faveur d'une antique influence touranienne en Mésopotamie. « Peut-être l'habitude qu'avaient ces peuples (les Kurdes) de se mettre à la solde des états voisins, leur aura-t-elle livré Babylone de la même manière que Bagdad tomba, quinze cents ans plus tard, sous la dépendances des milices du nord, que le khalifat était obligé d'entretenir. Devenus la caste dominante, ils auront, comme les Turcs, donné leur nom au pays, bien que l'immense population appartînt à une autre race. » Pour compléter le parallélisme si net de ces deux grands faits historiques, il conviendrait d'ajouter que les Kasdes étaient comme les Turcs un peuple tartaro-finnois. C'est toujours le long des rives du Tigre et de l'Euphrate que sont descendues les hordes tartares dont les invasions ont suivi une marche identique à partir de la plus haute antiquité jusqu'à la fin du moyen âge. Les Chaldéens venaient sans doute de ce même grand plateau central d'où descendirent plus tard les Seljoukides et les Ottomans qui se substituèrent comme eux à de vieilles dynasties et qui, comme eux aussi, introduisirent dans la contrée un idiôme essentiellement touranien. Ces grandes invasions, à plus de trois mille ans de distance, présentent ainsi une parfaite conformité.

Que pourrait-on désirer pour que la démonstration fût aussi complète qu'il est permis de l'espérer? Rien de plus, nous semble-t-il, qu'un témoignage historique faisant mention d'une domination scythique ou tartare dans la Babylonie. Pour des temps aussi reculés que le vingt-unième ou le vingt-deuxième siècle avant notre ère, il ne serait pas étonnant que dans l'état de nos richesses historiques il nous fît défaut. Il existe pourtant et il est des plus nets. Dans les fragments qui sont parvenus jusqu'à nous, sous le nom de Bérose (très problablement un Iranien du nom de Firouz), et où nous trouvons les sources les plus sûres des antiquités historiques de la Chaldée, l'auteur place justement avant les rois des premières dynasties babyloniennes une occupation scythique. C'est là le premier fait, peut-on dire, des annales de la Babylonie qui offre un caractère vraiment historique, et il convient d'en fixer approximativement la date au-delà du vingtième siècle avant Jésus-Christ.

Devant un tel faisceau de preuves concordantes, bien qu'émanées de sources très différentes, l'affirmation de M. Oppert et l'origine touranienne du système cunéiforme apporté par les Scythes dans la Mésopotamie, nous paraissent désormais être à l'abri de toute contradiction.

V

Est-il permis de faire avec quelque apparence de certitude un pas de plus dans les régions si obscures du passé anté-historique? Peut-on attribuer sûrement aux populations touraniennes qui occupèrent la Chaldée à cette époque reculée, non pas seulement le transfert, mais l'invention dans le sens le plus absolu du mot d'un système graphique alors purement hiéroglyphique ? M. Oppert l'a pensé et il n'a pas hésité à admettre, sur le grand plateau supérieur asiatique, l'existence d'un empire, ou tout au moins d'un centre de civilisation touranien, parfaitement inconnu jusqu'à présent. Cette hypothèse ne repose pas seulement sur l'exacte et parfaite correspondance des valeurs syllabiques des caractères cunéiformes et des radicaux appartenant aux langues touraniennes, correspondance dont nous avons pu apprécier la rigoureuse portée. Elle s'appuye aussi sur un autre ordre de faits : c'est que nous ne connaissons que deux systèmes graphiques dont le caractère figuratif, primitif, irréductible, participe à celui de l'écriture cunéiforme, à savoir : les hiéroglyphes égyptiens d'une part, les idéogrammes de la Chine de l'autre. Pour repousser avec quelque apparence de raison l'induction à laquelle M. Oppert a été nécessairement amené, il faudrait montrer que les hiéroglyphes touraniens de l'Assyrie dérivent en quelque manière du système égyptien ou des caractères chinois. Ni l'une ni l'autre de ces démonstrations n'a été jusqu'à ce jour tentée. Ce serait dans le cas seulement où elle pourrait être sérieusement indiquée qu'on pourrait songer à invoquer soit les anciens rapports de la Chine avec les populations tartaro-finnoises de l'Altaï, soit les traces plus ou moins contestables des antiques invasions scythiques en Égypte et dans le pays de Chanaan. De pareilles suppositions jusqu'à présent ne reposent sur aucune base

Dans l'état actuel de la science, nous sommes donc conduits à admettre trois écritures primitives hiéroglyphiques, et en leur appliquant un critère identique nous devons en attribuer l'invention aux anciens habitants de l'Égypte, aux Chinois et aux Touraniens qui ont transmis leurs hiéroglyphes à l'Assyrie. Ajoutons que bien quelles remontent toutes trois à une très haute antiquité, la dernière doit, selon toute probabilité, être considérée comme la plus récente. — Ces trois écritures présentent d'ailleurs un singulier parallélisme. Chacune d'elles a donné naissance par des phases et des transformations successives et analogues à un système syllabique d'abord et plus tard à un alphabet littéral proprement dit. — Ce que les Hycsos, d'après l'opinion de M. Ewald [1], et les Sémites phéniciens ont fait

---

[1] Gesch. der V. I. t. 1 p. 474.

pour l'écriture égyptienne, ce que les Japonais et les Coréens ont fait pour les caractères chinois, les Assyriens et les Perses l'ont appliqué au système touranien. Ninive et Babylone ont transformé l'idéogrammatisme pur des hiéroglyphes scythes en une écriture syllabique savante et complète. Après eux les Persans ont tiré de cette dernière les éléments d'un véritable alphabet. L'histoire de l'écriture cunéiforme apporte à cet égard un nouvel exemple et partant un argument puissant à la thèse que ces phases progressives constituent la marche régulière, la loi, pour ainsi dire, du développement de l'écriture.

Il a été longtemps permis de supposer que, dans une certaine mesure, l'admirable et fécond alphabet qui est devenu l'écriture définitive et universelle de la plus grande partie du genre humain, était sorti, par des dérivations lointaines, de l'écriture cunéiforme, ou tout au moins lui avait fait quelques emprunts. Telle était notamment l'opinion de MM. Lepsius et Lowenstern. C'est en effet à Babylone que l'on trouvait les plus anciens spécimens de l'alphabet sémitique, et d'autre part les historiens de l'antiquité, Diodore de Sicile et Pline, par exemple [1], semblaient attribuer à l'alphabet phénicien une origine babylonienne. Cette opinion ne peut guère être défendue après le très remarquable mémoire dans lequel M. François Lenormant, suivant les traces de la science paternelle, a démontré que l'alphabet de *Cadmus*, l'alphabet sémito-phénicien, était sorti de l'écriture cursive égyptienne. Il ne peut plus y avoir de doute sur ce point que les travaux de M. de Rougé avaient d'ailleurs bien éclairé. C'est à l'Égypte que la Phénicie, et par elle le monde ancien occidental d'un côté, le monde brahmanique et indou de l'autre, en somme l'univers civilisé tout entier, doit son système d'écriture.

A la suite de la conquête d'Alexandre, l'écriture cunéi-

---

[1] Diodore de Sicile, V. 74, fl. — Pline, VII, 56.

forme disparaît, en quelque sorte, subitement. Lorsque la Perse reprit, à la chute de la dynastie des Parthes, la suprématie et l'empire de l'Iran, elle ne remit en honneur ni son antique langue, ni cette écriture nationale dans laquelle Cyrus et Darius avaient inscrit leurs fastes. C'est dans la singulière langue connue sous le nom de pehlvi et à l'aide de lettres indirectement issues du système phénicien que sont écrites les épigraphes des Sassanides. L'écriture cunéiforme avait cessé sa vie historique sans donner naissance et léguer son héritage à aucun système graphique dérivé de ses formes et de ses principes. C'est après un oubli ou une ignorance de deux mille ans que la science moderne est venue pénétrer ses mystères et lui restituer, au double point de vue de l'histoire et de la philosophie philologique, une importance et une vie nouvelles.

Le déchiffrement des inscriptions cunéiformes restera désormais comme un des plus laborieux et des plus remarquables titres de gloire de la science contemporaine, et le nom de M. Oppert y sera éternellement attaché. C'est tout à la fois l'honneur et le noble tourment de ce siècle que de poursuivre avec le même élan les plus radicales transformations de l'avenir et les plus secrètes révélations du passé.

TABLE ANALYTIQUE DES MATIÈRES

CHAPITRE PREMIER

Les Inscriptions iraniennes

§ Ier. Le grand prix biennal en 1864; — Ignorance du public lettré touchant les inscriptions cunéiformes.................................... 1

§ II. Les ruines de Persépolis; — Inscriptions à formes de coins ou de flèches; — Difficultés que présente leur déchiffrement............ 3

§ III. Les descriptions des voyageurs : Pietro della Valle, Chardin; — Opinions et erreurs diverses, Hyde, l'abbé Tandeau, Lichtenstein, soupçon de Leibnitz; — Travaux de Niebuhr, de Münter; — Grotefend découvre la clef des signes cunéiformes; — Détermination des premières lettres des inscriptions de la première catégorie; — La langue *iranienne*; — Travaux de Rask, d'Eugène Burnouf, de M. Lassen; — Contrôles fournis par l'inscription de Bisitoun et par une légende hiéroglyphique égyptienne; Travaux de M. Oppert, en 1858................................. 5

§ IV. Importance historique des nouveaux documents mis en lumière; — Révolutions du mazdéisme persan, Ormuzd et Mithra; dualisme originaire de la religion de Zoroastre................................. 14

CHAPITRE II

Les Inscriptions touraniennes

§ Ier. Les inscriptions de la seconde catégorie dites *médiques*. Méthode de déchiffrement employée pour les noms propres; — Premières traductions de Westergaard; travaux du docteur Hincks, de M. de Saulcy, du colonel Rawlinson, de M. Norris, des docteurs Haug et Spiégel. Travail de révision de M. Oppert, en 1858; — Analyse de l'écriture syllabique dite *médique*; éléments hiéroglyphiques qu'elle contient............. 17

§ II. Aperçu sur les conclusions de la science philologique contemporaine ; — Les *Aryâs* ou *Ariens* primitifs ; — Les familles de langues : famille indo-européenne, famille sémitique, leurs caractères distinctifs. La langue chinoise. Les langues *agglutinatives* ou *agglomérantes*. Famille *touranienne*, signification et origine de cette expression ; — La langue des secondes inscriptions est une langue scythique ou touranienne ; Opposition de M. Renan, discussion de son principal argument......... 22

§ III. Faits historiques qui établissent que la langue des secondes inscriptions ne peut être attribuée aux Mèdes *Ariens*. Passage de Strabon. Expression caractéristique empruntée à l'inscription de Bisitoun. Établissement et séjour de populations tartares dans le nord-ouest de l'Iran. Invasion scythique de la fin du septième siècle avant notre ère. Explication du caractère propre à la langue médo-touranienne............. 29

CHAPITRE III

La langue et l'écriture de l'antique Assyrie

§ Iᵉʳ. Les inscriptions persépolitaines de la troisième espèce ; Identité fondamentale des caractères de Persépolis et de la Chaldée ; — Essais de déchiffrement, ils se heurtent contre des difficultés inattendues ; — Les fouilles de MM. Botta et Layard à Ninive. L'expédition scientifique de MM. Fresnel et Oppert en Mésopotamie ; Koioundjick et Khorsabad. — Premières tentatives de lecture. MM. Lowenstern, M. de Longpérier, M. Botta. Recherches de MM. de Saulcy, Hincks et de sir Rawlinson. La *polyphonie*. Traduction de la grande inscription de Téglath-Phalassar sous les auspices de la société asiatique de Londres ; Derniers travaux de MM. Rawlinson, Ménant, Talbot et Oppert................. 35

§ II. Analyse de l'écriture assyrienne. La méthode des Assyriologues est comparable à celle des physiciens ; — Syllabisme du système graphique assyrien. L'*homophonie*. Les noms d'hommes et de villes ; — Hiéroglyphisme du système graphique assyrien. L'idéogramme royal ; — La fusion de ces deux grands caractères constitue l'originalité de l'écriture de Ninive et de Babylone. Elle en explique les difficultés ; — Les noms de *Nabuchodonosor* et de *Babylone* ; — Le *complément phonétique* ; — Idée générale de l'écriture de la Chaldée............ 39

§ III. La langue de l'Assyrie, son caractère essentiellement sémitique est voilé sous la forme que lui impose l'écriture cunéiforme. Singularité de cette alliance, controverse qu'elle a soulevée ; — Travaux de MM. Lowenstern, Luzatto, Hincks. Le pronom *Anoki-Anakou* ; — Méthode de M. Oppert ; — Résistances de M. Ewald et de M. Renan. Analyse des objections posées par M. Renan ; — Découvertes de M. Oppert....... 48

CHAPITRE IV

L'origine du système graphique cunéiforme

§ Ier. Extension géographique et durée historique des écritures cunéiformes ; — Les écritures moderne, archaïque, hiératique, primitive.... 59

§ II. L'hypothèse qui attribuait aux Assyriens la découverte de l'écriture cunéiforme a été renversée par M. Oppert. Double base de sa démonstration : 1° Origine hiéroglyphique de l'écriture cunéiforme ; 2° Identité des deux systèmes graphiques, assyrien et médo-touranien ; — Idée générale de sa méthode. Le signe-image et le mot de *Dieu* chez les Sémites et les Touraniens de la Chaldée ; — L'écriture cunéiforme n'est pas en harmonie avec les articulations et les convenances des langues sémitiques ; — Formation des lettres syllabiques cunéiformes. Origine analogue de notre lettre A.................................... 62

§ III. Origine touranienne des écritures cunéiformes ; — La valeur vocale des signes assyriens correspond à l'interprétation idéographique qui doit leur être attribuée dans le *médo touranien ;* ou dans le *kasdo-touranien.* — Troisième argument emprunté aux radicaux des langues touraniennes actuelles ; — Rigueur probante de ces trois sources de preuves 67

§ IV. Étrangeté du fait historique qui ressort de cette démonstration ; — Opposition de M. Renan. Discussion de ses vues sur les origines des civilisations chaldéennes. Nouvelle étymologie du nom de la Chaldée ; — Comment on peut se représenter l'introduction d'un élément touranien dans la civilisation de la Babylonie ; — Témoignage capital de Bérose.... 70

§ V. Les Touraniens sont-ils, à proprement parler, les inventeurs du système cunéiforme ? — Les trois écritures primitives hiéroglyphiques. Phases symétriques de leur développement ; — Destinée de l'écriture cunéiforme à travers l'histoire ; sa disparution. — Conclusion......... 76

ERRATA

Page 1, ligne 1 : *Il y a trois ans.....;* (Ce premier chapitre a paru sous forme d'article dans la *Revue de l'Est*, en 1864).

Page 2, ligne 21, au lieu de : *d'autant d'éclat;* lisez : *avec autant d'éclat*

—	12,	— 18,	—	*M. Burnouf*	— *E. Burnouf*
—	13,	— 6,	—	Υσθάσπης,	— Υσθάσπης
—	19,	— 7,	—	Υστασπης υιος	— Υσθάσπος υιος
—	23,	— 32,	—	(*Yran = Ayriama*)	— (*Iran = Ariama*)
—	29,	— 31,	—	*Idem*	— *Ideen*
—	30,	— 5,	—	*seuls*	— *seules*
—	31,	— 2,	—	Αναριάκαι	— Αναριάκαι,
—	49,	— 13,	—	*un long et sérieux*	— *un sérieux*

www.ingramcontent.com/pod-product-compliance
Lightning Source LLC
LaVergne TN
LVHW050555090426
835512LV00008B/1162